Los números（数字）

序数			
第1の	**primero**（-ra）	第6の	**sexto**（-ta）
第2の	**segundo**（-da）	第7の	**séptimo**（-ma）
第3の	**tercero**（-ra）	第8の	**octavo**（-va）
第4の	**cuarto**（-ta）	第9の	**noveno**（-na）
第5の	**quinto**（-ta）	第10の	**décimo**（-ma）

・形容詞として性数変化
・**primero, tercero** は＋男性単数名詞で **primer, tercer**

基数					
0	**cero**	20	**veinte**	100	**cien / ciento**
1	**uno**	21	**veintiuno**	101	**ciento uno**
2	**dos**	22	**veintidós**	200	**doscientos**（-tas）
3	**tres**	23	**veintitrés**	300	**trescientos**（-tas）
4	**cuatro**	24	**veinticuatro**	400	**cuatrocientos**（-tas）
5	**cinco**	25	**veinticinco**	500	**quinientos**（-tas）
6	**seis**	26	**veintiséis**	600	**seiscientos**（-tas）
7	**siete**	27	**veintisiete**	700	**setecientos**（-tas）
8	**ocho**	28	**veintiocho**	800	**ochocientos**（-tas）
9	**nueve**	29	**veintinueve**	900	**novecientos**（-tas）
10	**diez**	30	**treinta**	1.000	**mil**
11	**once**	31	**treinta y uno**	1.001	**mil uno**
12	**doce**	32	**treinta y dos**	2.000	**dos mil**
13	**trece**	33	**treinta y tres**	10.000	**diez mil**
14	**catorce**	40	**cuarenta**	100.000	**cien mil**
15	**quince**	50	**cincuenta**	1.000.000	**un millón**
16	**dieciséis**	60	**sesenta**	2.000.000	**dos millones**
17	**diecisiete**	70	**setenta**	10.000.000	**diez millones**
18	**dieciocho**	80	**ochenta**	100.000.000	**cien millones**
19	**diecinueve**	90	**noventa**	1.000.000.000	**mil millones**

・3桁の位取りは、国によりピリオド（.）またはコンマ（,）を用いる。混乱を避けるために、現在は5桁以上の場合はスペースを空けることが推奨されている（12 345 678）。
・**uno** は男性名詞の前で **un**、女性名詞の前で **una**。21以上で **uno** を含む場合も同じ。
・10の位と1の位は **y** で結ぶ。
・100は、**cien**：①単独で、②＋名詞、③＋ **mil**
　　　　 ciento：①＋（99までの）数字、②時に単独で
・200から900は性変化あり。
・**millón** は名詞なので複数形あり。

EJERCICIOS DE GRAMÁTICA ESPAÑOLA POR NIVELES

Kimiyo Nishimura
Wakako Kikuda
Hanako Saito
Francisco Barrera

Versión verde

Editorial ASAHI

はじめに

　本書はスペイン語の文法を十分練習して身につけることを目指したドリル・ブックです。大学などスペイン語の教室では、それぞれのテキストを使い、それぞれのやり方で授業を行っていますが、どの大学でも、「文法をもっと練習できるような問題集はありませんか？」という質問をよく受けます。専攻外国語としてスペイン語を勉強する場合は、文法をしっかり学ぶことになりますが、中学・高校で英語を勉強してきたときに使ったような文法問題集がスペイン語でもあればいいのにというもっともな要望です。ところが、これまで出版されているものでは、問題数が少なかったり、検定試験対策用であったり、そういった学習者のニーズに必ずしも応じきれないというのが実情でした。

　そこで、「もっと文法問題を練習したい」という願いをかなえられればと考え、簡単すぎず、かといって、難解すぎることのないよう配慮しながら、スペイン語文法が確実に身についていると実感できるような練習問題集を作ることにしました。

　スペイン語専攻といっても、そのレベルはいろいろですし、また第二外国語でスペイン語を学ぶ場合も、より高度な知識を身につけたいと思うことも少なくないはずです。本書は、問題のレベルを3段階に分け、最初のページから順に練習していくことも、また苦手な項目を選んでチャレンジしてみることもできるような構成にしました。

　レベル1は、日本で一般的に使用されている文法テキストが扱っている項目を網羅的に取り上げ、基本的な文法事項を確認する問題が中心です。スペイン語専攻の教室での基礎力養成、また、第二外国語では文法知識の整理に役立つでしょう。レベル2は、ふだん私たちが文法を教える際に、特に工夫して説明したり、注意を喚起するような項目を取り上げました。レベル1と対応しているものもありますし、いくつかの項目にまたがるものもあります。レベル1で確認した内容を少し応用的に鍛えてみましょう。またレベル3は、レベル1、2で扱った文法項目を用いて実際に文を作ってみる練習です。文法は、穴埋め問題や置き換え問題ができるようになるだけでは十分とはいえません。自分で文を組み立てて、実際にコミュニケーションに使えるレベルに到達できるまで、ぜひがんばってください。一人でも多くの人が、文法という便利な道具を手に入れ、スペイン語のよき使い手となることを願っています。

　最後に、スペイン語の校閲を担当してくださった Marimar Jorge 先生と、こうした問題集を作りたいという私たちの希望を聞いてくださり、企画から完成に至るまで、常に適切なアドバイスと励ましをくださった朝日出版社の山田敏之さんに、心からお礼申し上げます。

　　　2008年秋

グリーン版刊行に際して

　2009年に初版を刊行して以来、多くの学習者や教員の方々にご活用いただいてきましたが、教育現場から、構成は同じで問題の異なる版があればという声をお聞きしていました。スペイン語学習の初期の段階でこのようなタイプの練習問題集が有用であることは、15年近く経った現在も変わらないと考え、このグリーン版の刊行にいたりました。お役に立てば幸いです。作成にあたって大変お世話になった朝日出版社の山中亮子さんに心から感謝申し上げます。

　2022年秋

著者一同

目　次

写真を「読む」

装丁－メディア・アート

レベル1
Nivel 1

1 文字・発音、音節・アクセント

① 例にならって、次の略号のつづりをアルファベット読みで書いてみましょう。

> 例）NHK → *ene hache ka*

1）IA →
2）DNI →
3）PBI →
4）OMS →
5）FMI →

② 例にならって、次の人名のつづりをアルファベット読みで書いてみましょう。

> 例）Juan → *jota u a ene*

1）Alicia →
2）Jaime →
3）Maite →
4）Gabriel →
5）Rodolfo →

③ 次の語の二重母音・三重母音に下線をつけましょう。

1）veinte　20	2）puerta　ドア	3）fiebre　熱
4）triunfo　勝利	5）cuidado　注意	6）automóvil　自動車
7）patio　中庭	8）cuarenta　40	9）actuéis　（君たちが）行動する
10）enviáis　（君たちが）送る		

④ 次の語の二重子音に下線をつけましょう。

1）plátano　バナナ	2）crimen　犯罪	3）flor　花
4）teatro　劇場	5）fotografía　写真	6）frontera　国境
7）brazo　腕	8）bicicleta　自転車	9）hablar　話す
10）cuadro　絵		

⑤ 例にならって、左の語の太字部分と発音が同じものを a), b) のうちから選びましょう。

> 例）**ga**to　猫　　　a) **ge**nte　人々　　ⓑ **go**l　ゴール

1）a**ji**llo　アヒージョ	a) **gi**rasol　ヒマワリ	b) **gui**tarra ギター
2）**ce**na　夕食	a) lápi**z**　鉛筆	b) le**ch**e　ミルク
3）a**h**ora　今	a) **jo**ven　若い	b) o**ch**o　8
4）gue**rr**a　戦争	a) **r**atón　マウス	b) ca**r**a　顔
5）extran**je**ro　外国の	a) **fe**brero　2月	b) a**ge**ncia　代理店

2

6　例にならって、次の語を音節に分けましょう。

例) ma / ña / na　明日

1) librería　本屋　　　　2) enciclopedia　百科事典　　3) diccionario　辞書

4) diciembre　12月　　　5) aeropuerto　空港　　　　6) dinosaurio　恐竜

7) ingeniero　エンジニア　8) mediterráneo　地中海　　9) electricidad　電気

10) liquidación　バーゲン

7　例にならって、次の語を音節に分け、アクセントのある音節を○で囲みましょう。

例) ma / ña / na　明日

1) pierna　脚　　　　　2) ritmo　リズム　　　　3) ausencia　欠席

4) jueves　木曜日　　　5) enfermedad　病気　　6) construcción　建設

7) agricultor　農民　　8) mediodía　正午　　　9) poeta　詩人

10) crisis　危機

8　次の語を、アクセントの位置を基準に分類して、下に書き入れましょう。

España　スペイン　　　　Paraguay　パラグアイ　julio 7月　　　　　　tobogán　滑り台

ordenador　コンピューター　dieciséis　16　　　　armario　たんす　　　peine　くし

paraguas　傘　　　　　　edificio　建物　　　　agradable　心地よい　museo　美術館

música　音楽　　　　　　increíble　信じがたい　película　映画　　　ejercicio　運動

médico　医者　　　　　　dificultad　困難　　　electrónico　電子の

最後の音節にアクセントのある語	最後から2番目の音節にアクセントのある語

その他

2

名 詞

1 男性名詞は対応する女性名詞に、女性名詞は対応する男性名詞にしましょう。

1) amigo　友達　　　　　　　→ --------------------------------
2) hija　娘　　　　　　　　　→ --------------------------------
3) chico　男の子、青年　　　→ --------------------------------
4) tío　おじ　　　　　　　　→ --------------------------------
5) hermana　姉［妹］　　　　→ --------------------------------
6) profesora　先生　　　　　→ --------------------------------
7) estudiante　学生　　　　→ --------------------------------
8) pianista　ピアニスト　　→ --------------------------------
9) abuelo　祖父　　　　　　→ --------------------------------
10) pintor　画家　　　　　　→ --------------------------------
11) futbolista　サッカー選手　→ --------------------------------
12) hombre　男性　　　　　　→ --------------------------------
13) madre　母　　　　　　　→ --------------------------------
14) japonesa　日本人　　　　→ --------------------------------
15) española　スペイン人　　→ --------------------------------
16) peruano　ペルー人　　　→ --------------------------------
17) chino　中国人　　　　　→ --------------------------------
18) colombiana　コロンビア人　→ --------------------------------
19) estadounidense　アメリカ人　→ --------------------------------
20) alemán　ドイツ人　　　　→ --------------------------------

2 男性名詞には「男」、女性名詞には「女」と記入しましょう。

1) (　　) tren　列車
2) (　　) restaurante　レストラン
3) (　　) bicicleta　自転車
4) (　　) televisión　テレビ
5) (　　) hospital　病院
6) (　　) mano　手
7) (　　) pan　パン
8) (　　) taxi　タクシー
9) (　　) novela　小説
10) (　　) opinión　意見
11) (　　) mesa　机
12) (　　) sociedad　社会
13) (　　) mapa　地図
14) (　　) moto　バイク
15) (　　) libro　本
16) (　　) periódico　新聞
17) (　　) día　日
18) (　　) leche　ミルク
19) (　　) universidad　大学
20) (　　) reloj　時計

3 次の名詞の複数形を書きましょう。

1) perro　犬　　　　　　　→ --

2) calle　通り　　　　　　→ --

3) bolígrafo　ボールペン　→ --

4) mujer　女性　　　　　　→ --

5) árbol　木　　　　　　　→ --

6) diccionario　辞書　　　→ --

7) autobús　バス　　　　　→ --

8) ciudad　都市　　　　　→ --

9) vez　回　　　　　　　　→ --

10) país　国　　　　　　　→ --

11) habitación　部屋　　　→ --

12) examen　試験　　　　　→ --

13) ordenador　コンピューター→ --

14) coreana　韓国人・朝鮮人→ --

15) francés　フランス人　　→ --

4 次の名詞の単数形を書きましょう。

1) gatos　猫　　　　　　　→ --

2) sillas　椅子　　　　　　→ --

3) museos　美術館　　　　→ --

4) papeles　紙　　　　　　→ --

5) coches　自動車　　　　→ --

6) flores　花　　　　　　　→ --

7) hoteles　ホテル　　　　→ --

8) clases　クラス　　　　　→ --

9) películas　映画　　　　→ --

10) paraguas　傘　　　　　→ --

11) jóvenes　若者　　　　　→ --

12) canciones　歌　　　　　→ --

13) lápices　鉛筆　　　　　→ --

14) mexicanos　メキシコ人　→ --

15) portugueses　ポルトガル人→ --

3 冠詞

1 次の名詞に定冠詞をつけましょう。

1) (　　　　) tren　列車
2) (　　　　) universidad　大学
3) (　　　　) jardín　庭
4) (　　　　) prima　いとこ
5) (　　　　) televisión　テレビ
6) (　　　　) radio　ラジオ（放送）
7) (　　　　) deporte　スポーツ
8) (　　　　) sofá　ソファ
9) (　　　　) librería　本屋
10) (　　　　) mesa　机

11) (　　　　) mercado　市場
12) (　　　　) restaurante　レストラン
13) (　　　　) agua　水
14) (　　　　) ventana　窓
15) (　　　　) impresora　プリンター
16) (　　　　) salida　出口
17) (　　　　) compañera　仲間
18) (　　　　) avión　飛行機
19) (　　　　) teatro　劇場
20) (　　　　) tarde　午後

2 次の名詞に不定冠詞をつけましょう。

1) (　　　　) alumna　生徒
2) (　　　　) lección　課
3) (　　　　) teléfono　電話
4) (　　　　) hermano　兄［弟］
5) (　　　　) té　お茶
6) (　　　　) taxi　タクシー
7) (　　　　) noche　夜
8) (　　　　) tomate　トマト
9) (　　　　) semana　週
10) (　　　　) café　コーヒー

11) (　　　　) mañana　朝
12) (　　　　) billete　切符
13) (　　　　) enfermedad　病気
14) (　　　　) clase　授業
15) (　　　　) melón　メロン
16) (　　　　) puerta　ドア
17) (　　　　) bolsa　かばん、袋
18) (　　　　) barco　船
19) (　　　　) aeropuerto　空港
20) (　　　　) casa　家

3 次の名詞に定冠詞をつけ、さらに複数形にしましょう。

例) (*el*) libro　本　→　*los libros*

1) (　　　　) oficina　事務所　→ _____
2) (　　　　) trabajo　仕事　→ _____
3) (　　　　) jueves　木曜日　→ _____
4) (　　　　) manzana　りんご　→ _____
5) (　　　　) luz　光　→ _____
6) (　　　　) señor　男性　→ _____
7) (　　　　) templo　寺院　→ _____
8) (　　　　) cine　映画館　→ _____
9) (　　　　) profesión　職業　→ _____
10) (　　　　) aula　教室　→ _____

④ 次の名詞に不定冠詞をつけ、さらに複数形にしましょう。

例) (*una*) casa 家 → *unas casas*

1) (　　　　) mapa 地図　　　　　→ --
2) (　　　　) camisa シャツ　　　 → --
3) (　　　　) revista 雑誌　　　　 → --
4) (　　　　) llave 鍵　　　　　　 → --
5) (　　　　) palabra 単語　　　　 → --
6) (　　　　) lago 湖　　　　　　　→ --
7) (　　　　) foto 写真　　　　　　→ --
8) (　　　　) montaña 山　　　　　 → --
9) (　　　　) problema 問題　　　　→ --
10) (　　　　) maleta スーツケース → --

⑤ 名詞の性・数に注意して、定冠詞をつけましょう。

1) (　　　　) tenedores フォーク　　　　6) (　　　　) palillos 箸
2) (　　　　) lápiz 鉛筆　　　　　　　　7) (　　　　) bolso ハンドバッグ
3) (　　　　) vacaciones 休暇　　　　　　8) (　　　　) bolígrafos ボールペン
4) (　　　　) sopa スープ　　　　　　　　9) (　　　　) piscina プール
5) (　　　　) números 数字　　　　　　　10) (　　　　) gente 人々

⑥ 名詞の性・数に注意して、不定冠詞をつけましょう。

1) (　　　　) familia 家族　　　　　　　6) (　　　　) mes （暦の）月
2) (　　　　) actores 俳優　　　　　　　7) (　　　　) cuadro 絵
3) (　　　　) cucharas スプーン　　　　　8) (　　　　) hoteles ホテル
4) (　　　　) edificios 建物　　　　　　　9) (　　　　) motos バイク
5) (　　　　) hora 時間　　　　　　　　　10) (　　　　) pueblos 村

4 形容詞・指示詞

❶ カッコ内の形容詞を名詞に合わせた形にしましょう。

1) unas películas ＿＿＿＿＿＿＿＿＿＿＿＿＿ (entretenido) 面白い映画
2) los chicos ＿＿＿＿＿＿＿＿＿＿＿＿＿ (amable) 親切な子たち
3) unos libros ＿＿＿＿＿＿＿＿＿＿＿＿＿ (aburrido) 退屈な本
4) un estadio ＿＿＿＿＿＿＿＿＿＿＿＿＿ (enorme) 非常に大きなスタジアム
5) los hombres ＿＿＿＿＿＿＿＿＿＿＿＿＿ (alemán) ドイツ人男性たち
6) el guía ＿＿＿＿＿＿＿＿＿＿＿＿＿ (simpático) 感じのいいガイド
7) las habitaciones ＿＿＿＿＿＿＿＿＿＿＿ (desordenado) 散らかった部屋
8) una charla ＿＿＿＿＿＿＿＿＿＿＿＿＿ (interesante) 興味深いスピーチ
9) unos calcetines ＿＿＿＿＿＿＿＿＿＿＿ (azul) 青い靴下
10) las personas ＿＿＿＿＿＿＿＿＿＿＿＿＿ (mayor) 年配の人たち
11) unos taxis ＿＿＿＿＿＿＿＿＿＿＿＿＿ (libre) 空車のタクシー
12) el café ＿＿＿＿＿＿＿＿＿＿＿＿＿ (caliente) 熱いコーヒー
13) un paraguas ＿＿＿＿＿＿＿＿＿＿＿＿＿ (elegante) エレガントな傘
14) las novelas ＿＿＿＿＿＿＿＿＿＿＿＿＿ (francés) フランスの小説
15) unos temas ＿＿＿＿＿＿＿＿＿＿＿＿＿ (serio) まじめなテーマ
16) unos ＿＿＿＿＿＿＿＿＿＿＿＿＿ (pequeño) ingresos わずかな収入
17) el ＿＿＿＿＿＿＿＿＿＿＿＿＿ (antiguo) primer ministro 元首相
18) un ＿＿＿＿＿＿＿＿＿＿＿＿＿ (malo) tiempo 悪天候
19) un ＿＿＿＿＿＿＿＿＿＿＿＿＿ (bueno) recuerdo いい思い出
20) la ＿＿＿＿＿＿＿＿＿＿＿＿＿ (grande) actriz 偉大な俳優

❷ 形容詞の位置に注意して、日本語に合う適切な表現を a), b) のうちから選びましょう。

1) 大柄なジャーナリスト   a) un gran periodista   b) un periodista grande
2) 偉大なジャーナリスト   a) un gran periodista   b) un periodista grande
3) 古い友人   a) una vieja amiga   b) una amiga vieja
4) 年を取った友人   a) una vieja amiga   b) una amiga vieja
5) 貧しい老人   a) un pobre anciano   b) un anciano pobre
6) 気の毒な老人   a) un pobre anciano   b) un anciano pobre
7) 新居、新しく引っ越した家 a) una nueva casa   b) una casa nueva
8) 新築の家   a) una nueva casa   b) una casa nueva
9) ある情報   a) cierta información   b) información cierta
10) 確かな情報   a) cierta información   b) información cierta

❸ 日本語に合うように、適切な指示形容詞を入れましょう。

例）（ *esta* ）revista　この雑誌

1)（　　　　　　）bolígrafos　　　これらのボールペン
2)（　　　　　　）ordenador　　　あのコンピューター
3)（　　　　　　）periódico　　　この新聞
4)（　　　　　　）sillas　　　それらの椅子
5)（　　　　　　）árboles　　　あれらの木
6)（　　　　　　）zapatos　　　その靴
7)（　　　　　　）torre　　　あの塔
8)（　　　　　　）fábricas　　　あれらの工場
9)（　　　　　　）cama　　　このベッド
10)（　　　　　　）diccionarios　　　それらの辞書
11)（　　　　　　）partidos　　　これらの試合
12)（　　　　　　）foto　　　その写真
13)（　　　　　　）cortinas　　　あれらのカーテン
14)（　　　　　　）restaurante　　　そのレストラン
15)（　　　　　　）máquinas　　　これらの機械
16)（　　　　　　）hotel　　　あのホテル
17)（　　　　　　）mesas　　　これらの机
18)（　　　　　　）botella　　　そのビン
19)（　　　　　　）idioma　　　あの言語
20)（　　　　　　）exámenes　　　これらの試験

❹ 例にならって、カッコ内に適切な指示形容詞または指示代名詞を入れましょう。

例）（この：　*este* ）libro　この本／（あれ：*aquel*）

1)（この：　　　　　　　）camisa　このシャツ／（それ：　　　　　　　　）
2)（その：　　　　　　　）gafas de sol　そのサングラス／（あれ：　　　　　　　　）
3)（こちらの：　　　　　　　）profesores　こちらの先生／（そちら：　　　　　　　　）
4)（あちらの：　　　　　　　）señor　あちらの男性／（こちら：　　　　　　　　）
5)（それらの：　　　　　　　）tomates　それらのトマト／（あれら：　　　　　　　　）

5 所有形容詞・所有代名詞

[この課では便宜上、君：tú、あなた：usted、君たち：vosotros/vosotras、あなた方：ustedes という対応関係で解答してください。]

❶ 日本語に合うように、所有形容詞（前置形）を入れましょう。

例）(*mi*) corbata　私のネクタイ

1) (　　　　　　　) guitarra　　　　　　君のギター
2) (　　　　　　　) hijas　　　　　　　彼らの娘
3) (　　　　　　　) zapatos　　　　　　私の靴
4) (　　　　　　　) casa　　　　　　　君たちの家
5) (　　　　　　　) reloj　　　　　　　彼女の時計
6) (　　　　　　　) diccionarios　　　　彼の辞書
7) (　　　　　　　) padres　　　　　　私たちの両親
8) (　　　　　　　) hermano　　　　　　君たちの兄
9) (　　　　　　　) llaves　　　　　　　私の鍵
10) (　　　　　　　) móvil　　　　　　　あなたの携帯電話
11) (　　　　　　　) profesora　　　　　私たちの先生
12) (　　　　　　　) familia　　　　　　君たちの家族
13) (　　　　　　　) abrigo　　　　　　彼女のコート
14) (　　　　　　　) primo　　　　　　あなた方のいとこ
15) (　　　　　　　) país　　　　　　　私の国
16) (　　　　　　　) preguntas　　　　　君の質問
17) (　　　　　　　) sombrero　　　　　彼の帽子
18) (　　　　　　　) número de teléfono　君の電話番号
19) (　　　　　　　) habitaciones　　　　私たちの部屋
20) (　　　　　　　) universidad　　　　彼らの大学

❷ 日本語に合うように、所有形容詞（後置形）を入れましょう。

例）una alumna (*mía*)　私の生徒

1) la bicicleta (　　　　　　　)　　　私の自転車
2) un conocido (　　　　　　　)　　　彼らの知人
3) una novela (　　　　　　　)　　　彼女の小説
4) los comentarios (　　　　　　　)　あなた方のコメント
5) una idea (　　　　　　　)　　　　君の考え
6) los problemas (　　　　　　　)　　君たちの問題
7) unas amigas (　　　　　　　)　　　私の友人

8) una nieta（　　　　　　）　　　　あなたの孫

9) la compañía（　　　　　　　）　　彼の会社

10) la vecina（　　　　　　）　　　　私たちの隣人

11) unas obras（　　　　　　）　　　君の作品

12) un vestido（　　　　　　）　　　私のワンピース

13) la maleta（　　　　　　）　　　　彼のスーツケース

14) unos artículos（　　　　　　　）　彼の論文

15) el informe（　　　　　　）　　　君たちの報告書

16) unas propuestas（　　　　　　　）彼らの提案

17) el pasaporte（　　　　　　）　　君のパスポート

18) una palabra（　　　　　　）　　　彼女の一言

19) un compañero（　　　　　　）　　私たちの仲間

20) las opiniones（　　　　　　）　　君たちの意見

3 日本語に合うように、所有代名詞を入れましょう。

例）mi coche y（ *el suyo* ）　私の車と彼の車

1) tu piso y（　　　　　　　）　　　君のマンションと私のマンション

2) mi abuelo y（　　　　　　）　　私の祖父と彼女の祖父

3) su ciudad y（　　　　　　）　　彼らの町と私たちの町

4) su mensaje y（　　　　　　　）　彼のメッセージと君のメッセージ

5) vuestros consejos y（　　　　　　）君たちの助言と彼らの助言

6) su moto y（　　　　　　）　　　あなたのバイクと私のバイク

7) nuestro país y（　　　　　　　）私たちの国と君たちの国

8) mis botas y（　　　　　　）　　私のブーツと君のブーツ

9) su aniversario y（　　　　　　）彼らの記念日と私たちの記念日

10) mi paraguas y（　　　　　　）　私の傘と彼の傘

4 日本語に合うように、適切な所有形容詞を入れましょう。

1) una charla（　　　　　　　）　　彼女のスピーチ

2)（　　　　　　）sobrinos　　　　君の甥

3) unas fotos（　　　　　　　）　　彼の写真

4)（　　　　　　）duda　　　　　　君たちの疑問

5)（　　　　　　）cumpleaños　　　私の誕生日

11

6

主格人称代名詞・ser / estar

[この課では便宜上、君：tú、あなた：usted、君たち：vosotros/vosotras、あなた方：ustedes という対応関係で解答してください。]

1 （　）には指示された日本語に対応する主格人称代名詞を、［　］には対応する **ser, estar** の直説法現在形を記入しましょう。

		ser	estar
1）彼女ら	（　　　　　）	［　　　　］	［　　　　］
2）あなた方	（　　　　　）	［　　　　］	［　　　　］
3）君	（　　　　　）	［　　　　］	［　　　　］
4）彼ら	（　　　　　）	［　　　　］	［　　　　］
5）私たち（女）	（　　　　　）	［　　　　］	［　　　　］
6）私	（　　　　　）	［　　　　］	［　　　　］
7）君たち（男＋女）	（　　　　　）	［　　　　］	［　　　　］
8）あなた	（　　　　　）	［　　　　］	［　　　　］
9）彼	（　　　　　）	［　　　　］	［　　　　］
10）彼女	（　　　　　）	［　　　　］	［　　　　］

2 日本語に合うように、**ser** を直説法現在形に活用させましょう。

1）Tú（　　　　　）de Colombia, ¿verdad?
　　君はコロンビア出身ですよね？

2）¿（　　　　　）vosotros estudiantes?
　　君たちは学生ですか？

3）Fernando y yo（　　　　　）enfermeros.
　　フェルナンドと私は看護師です。

4）El paraguas（　　　　　）de mi madre.
　　その傘は私の母のものです。

5）¿Cómo（　　　　　）tus padres?
　　君のご両親はどんな方ですか？

6）¿De dónde（　　　　　）vosotras?
　　君たちの出身はどちらですか？

7）Yo（　　　　　）de segundo.
　　私は2年生です。

8）La reunión（　　　　　）en la sala de siempre.
　　会議はいつもの部屋で行われる。

9）Estas corbatas（　　　　　）de seda.
　　これらのネクタイはシルク製です。

10）Tu hija（　　　　　）muy inteligente.
　　君の娘さんはとても頭がいい。

3 日本語に合うように、**estar** を直説法現在形に活用させましょう。

1) (　　　　　　) ahora en Barcelona.
私は今バルセロナにいます。

2) ¿Cómo (　　　　　　) ustedes?
調子はいかがですか？

3) Ahora (　　　　　) de vacaciones.
今私たちは休暇中だ。

4) La ensalada (　　　　　　) muy rica, ¿verdad?
サラダはとてもおいしいですね。

5) Mi casa (　　　　　) cerca del ayuntamiento.
私の家は市役所の近くにあります。

6) Hoy no (　　　　　) de buen humor.
今日は私は機嫌がよくない。

7) ¿Por qué (*vosotros*　　　　　) tan enfadados?
どうして君たちはそんなに怒っているのですか？

8) Nuestro coche ya (　　　　　) muy viejo.
私たちの車はもうとても古くなっている。

9) ¿(*Tú*　　　　　) cansada?
君は疲れているの？

10) ¿Dónde (　　　　　) tus padres, Ana?
アナ、ご両親はどこにいるの？

4 日本語に合うように、**ser** または **estar** を直説法現在形に活用させましょう。

1) La fiesta (　　　　　) mañana, ¿verdad? — Sí, (　　　　　) mañana a las seis.
パーティーは明日ですよね？—ええ、明日の6時です。

2) ¿(*Vosotros*　　　　　) ocupados ahora? — Sí, hoy (　　　　　) bastante ocupados todo el día.
今忙しい？—うん、今日は一日中かなり忙しい。

3) ¿Cómo (　　　　　) tu nuevo trabajo? — (　　　　　) difícil pero muy interesante.
君の新しい仕事はどんなですか？—難しいけれどとても面白いです。

4) ¿De dónde (　　　　　) ustedes? — (　　　　　) de Buenos Aires.
あなた方はどこの出身ですか？—ブエノスアイレスの出身です。

5) ¿Qué tal (　　　　) los tacos? — (　　　　) buenísimos.
タコスの味はいかがですか？—とてもおいしいです。

6) ¿Dónde (　　　　　) tu pasaporte? — (　　　　　) en el bolsillo.
君のパスポートはどこですか？—ポケットの中です。

7) ¿Qué (　　　　　) tu novia? — (　　　　　) ingeniera de sistemas.
君の恋人は何をやっているの？—システムエンジニアです。

8) ¿Quién (　　　　　) tu nuevo profesor? — (　　　　　) el profesor Martínez.
君の新しい先生は誰ですか？—マルティネス先生です。

9) ［チャットで］¿Cómo (*ustedes*　　　　　)? — Muy bien. Ahora (　　　　　) de viaje.
調子はどうですか？—とってもいいですよ。今旅行中なんです。

10) ¿De quién (　　　　　) los zapatos? — (　　　　　) de mi hermano mayor.
靴は誰のですか？—私の兄のものです。

13

7

estar / hay / ser

1 日本語に合うように、**estar** の直説法現在形または **hay** を入れましょう。

1) En la universidad (　　　　　) tres cafeterías.
   大学にはカフェテリアが3つある。

2) ¿Cómo (*vosotros*　　　　　)? — (　　　　　) bien, gracias.
   君たち調子はどう？—元気だよ、ありがとう。

3) ¿(　　　　　) aseos por aquí? — Sí, pero ahora (　　　　　) ocupados.
   この辺りに化粧室はありますか？—ええ、でも今は使用中です。

4) ¿Qué (　　　　　) en la nevera? — Solo (　　　　　) unas botellas de agua.
   冷蔵庫の中には何がある？—水が数本あるだけだよ。

5) Hola, ¿dónde (*tú*　　　　　)? — (　　　　　) todavía en la oficina.
   もしもし、（君は）どこにいるの？—まだオフィスだよ。

6) ¿(　　　　　) libros sobre yudo? — Sí, (　　　　　) algunos. (　　　　　) allí.
   柔道に関する本はありますか？—ええ、何冊か。あそこにありますよ。

7) ¿Dónde (　　　　　) tus abuelos? — (　　　　　) en el salón.
   君のおじいちゃんとおばあちゃんはどこ？—リビングにいるよ。

8) En esta facultad (　　　　　) cinco profesores de chino.
   この学部には中国語の先生が5人います。

9) Bolivia (　　　　　) en el hemisferio sur.
   ボリビアは南半球にある。

10) ¿(　　　　　) usted mal? — No, solo (　　　　　) cansado.
   あなたは具合が悪いのですか？—いいえ、疲れているだけです。

2 日本語に合うように、カッコ内の選択肢から正しいものを選びましょう。

1) ¿De dónde (es / está / hay) usted? — (Soy / Estoy / Hay) indonesio.
   あなたのご出身はどちらですか？—私はインドネシア人です。

2) ¿Cómo (es / está / hay) vuestro nuevo profesor? — (Es / Está / Hay) simpático.
   君たちの新しい先生はどんな人？—感じのいい人だよ。

3) ¿Cuántas comunidades autónomas (son / están / hay) en España? — (Son / Están / Hay)
   diecisiete comunidades autónomas.
   スペインにはいくつの自治州がありますか？—17の自治州があります。

4) ¿Qué (es / está / hay) esto? — (Es / Está / Hay) un personaje de este juego.
   これは何ですか？—このゲームのキャラクターだよ。

5) ¿Dónde (son / están / hay) las llaves? — (Son / Están / Hay) en el cajón.
   鍵はどこ？—引き出しの中にあるよ。

6) Hola, ¿qué (es / está / hay)? — (Soy / Estoy / Hay) un poco nerviosa, pero bien.
   やあ、調子はどう？—ちょっと緊張しているけど、元気よ。

7) ¿De qué parte de Japón (eres / estás / hay)? — (Soy / Estoy / Hay) de Okinawa. (Es / Está / Hay) al sur de Honshu.

日本のどこの出身なの？—沖縄だよ。本州の南にあるんだ。

8) ¿Cómo (es / está / hay) tu ciudad? — (Es / Está / Hay) turística. (Son / Están / Hay) parques y playas muy bonitos.

君の町はどんなところ？—観光が盛んなんだ。とてもきれいな公園やビーチがあるんだよ。

9) ¿(Es / Está / Hay) gimnasio en este hotel? — Sí, señor, el gimnasio (es / está / hay) en el quinto piso.

このホテルにジムはありますか？—はい、お客様、ジムは5階にございます。

10) Tus niños (son / están / hay) en la escuela, ¿verdad? — No, ahora (son / están / hay) en el estadio. (Es / Está / Hay) un evento deportivo allí.

君のお子さんたちは学校にいるんでしょう？—いえ、今スタジアムにいるんですよ。そこでスポーツイベントがあるんです。

3 日本語に合うように、カッコ内に **ser, estar** の直説法現在形または **hay** を入れましょう。

1) ¿Dónde (　　　　　) sus hijos? — Óscar (　　　　　) en su habitación y Lidia (　　　　　) en el patio.

あなたの息子さんたちはどこにいるんですか？—オスカルは自分の部屋に、リディアは中庭にいます。

2) ¿(　　　　　) usted el padre de Víctor? — No, (　　　　　) su tío.

あなたはビクトルのお父様ですか？—いや、私は彼のおじですよ。

3) ¿Qué (　　　　　) en la bolsa? — (　　　　　) unas naranjas y unos tomates.

袋には何が入っているの？—オレンジとトマトが数個ずつ入っています。

4) ¿(*Vosotros*　　　　　) ocupados hoy? — Sí, (　　　　　) ajetreados con el nuevo proyecto.

君たちは今日は忙しいの？—うん、新しいプロジェクトがあって大忙しなんだ。

5) ¿Dónde (　　　　　) los servicios? — (　　　　　) al fondo.

トイレはどこですか？—奥にあります。

6) ¿De quién (　　　　　) este paraguas? — (　　　　　) mío.

この傘は誰の？—私のです。

7) ¿Cuántos alumnos (　　　　　) en tu clase? — (　　　　　) veintiséis.

君のクラスには何人の学生がいますか？—26人います。

8) ¿Qué (　　　　　) tus hijos? — (　　　　　) estudiantes.

子供さんたちは何をしているんですか？—学生です。

9) ¿(　　　　　) santuarios sintoístas en Kioto? — Sí, (　　　　　) muchos.

京都に神社はありますか？—ええ、たくさんあります。

10) ¿Qué tal la paella? — (　　　　　) muy rica.

そのパエリアはどう？—とてもおいしいよ。

15

8 直説法現在

1 次の動詞をカッコ内の人称に合わせて直説法現在形に活用させましょう。

1) beber（1単）　　（　　　　　　　　）　　11) viajar（2単）　　（　　　　　　　　）

2) vivir（2単）　　（　　　　　　　　）　　12) abrir（1複）　　（　　　　　　　　）

3) ayudar（1複）　　（　　　　　　　　）　　13) vender（3単）　　（　　　　　　　　）

4) comprar（3単）　（　　　　　　　　）　　14) asistir（3複）　　（　　　　　　　　）

5) comer（1複）　　（　　　　　　　　）　　15) hablar（2複）　　（　　　　　　　　）

6) trabajar（3単）　（　　　　　　　　）　　16) escuchar（3複）　（　　　　　　　　）

7) escribir（2複）　（　　　　　　　　）　　17) cantar（1単）　　（　　　　　　　　）

8) leer（2複）　　　（　　　　　　　　）　　18) estudiar（3単）　（　　　　　　　　）

9) desayunar（1単）（　　　　　　　　）　　19) tomar（3複）　　（　　　　　　　　）

10) llamar（1複）　　（　　　　　　　　）　　20) decidir（1単）　（　　　　　　　　）

2 カッコ内の不定詞を直説法現在形に活用させましょう。

1) Ellos（**estudiar**　　　　　　　　）francés.

彼らはフランス語を勉強する。

2) María（**escribir**　　　　　　　　）una carta a su amiga.

マリアは友達に手紙を書く。

3) ¿（**Leer**, *tú*　　　　　　　　）el periódico todas las mañanas?

君は毎朝新聞を読むの？

4) Luis（**enseñar**　　　　　　　　）español en una universidad.

ルイスは大学でスペイン語を教えている。

5) A veces nosotros（**correr**　　　　　　　　）en el parque.

私たちは時々公園を走る。

6) Mis amigos（**llegar**　　　　　　　　）el lunes.

私の友人たちは月曜日に到着する。

7) Yo（**tomar**　　　　　　　　）un café con leche.

私はカフェラテを飲む。

8) ¿Dónde（**vivir**　　　　　　　　）vosotros?

君たちはどこに住んでいるの？

9) Una vez a la semana yo（**cenar**　　　　　　　　）en un restaurante italiano.

私は週に1度イタリアンレストランで夕食をとる。

10) ¿（**Tocar**　　　　　　　　）tú el violín?

君はバイオリンを弾くの？

❸ 次の動詞をカッコ内の人称に合わせて直説法現在形に活用させましょう。

1) pensar (1単)　　　(　　　　　　　)
2) repetir (1複)　　　(　　　　　　　)
3) dormir (3複)　　　(　　　　　　　)
4) contar (2単)　　　(　　　　　　　)
5) querer (2単)　　　(　　　　　　　)
6) costar (3単)　　　(　　　　　　　)
7) pedir (3単)　　　(　　　　　　　)
8) jugar (1単)　　　(　　　　　　　)
9) perder (2単)　　　(　　　　　　　)
10) encender (1複)　(　　　　　　　)

11) sentir (1単)　　　(　　　　　　　)
12) volver (1複)　　　(　　　　　　　)
13) cerrar (3複)　　　(　　　　　　　)
14) poder (2複)　　　(　　　　　　　)
15) entender (3単)　　(　　　　　　　)
16) empezar (2複)　　(　　　　　　　)
17) encontrar (2単)　(　　　　　　　)
18) recordar (3複)　　(　　　　　　　)
19) morir (3複)　　　(　　　　　　　)
20) servir (2複)　　　(　　　　　　　)

❹ カッコ内の不定詞を直説法現在形に活用させましょう。

1) Las clases (**empezar**　　　　　　　) a las nueve de la mañana.
   授業は朝9時に始まります。

2) Susana (**pedir**　　　　　　　) una cerveza al camarero.
   スサナはウェイターにビールを頼む。

3) ¿Qué (**preferir**　　　　　　　) usted, café o té?
   コーヒーまたは紅茶、どちらがよろしいですか？

4) Carlos y yo (**pensar**　　　　　　　) viajar por Europa.
   カルロスと私はヨーロッパを旅行しようと思っている。

5) Los niños (**jugar**　　　　　　　) en el jardín.
   子どもたちは庭で遊ぶ。

6) (**Querer**　　　　　　　) hablar con el profesor.
   私は先生と話したい。

7) ¿A qué hora (**volver**　　　　　　　) a casa tus padres?
   君の両親は何時に帰宅しますか？

8) ¿Cuántas horas (**dormir**, *vosotros*　　　　　　　) normalmente?
   君たちは普通何時間眠るの？

9) Este camino (**seguir**　　　　　　　) hasta la catedral.
   この道はカテドラルまで続いている。

10) ¿(**Poder**　　　　　　　) cerrar la ventana?
    窓を閉めてもいいですか？

5 次の動詞をカッコ内の人称に合わせて直説法現在形に活用させましょう。

1) hacer（2単）　（　　　　　　　）　　6) caer（3単）　　（　　　　　　　）

2) poner（1複）　（　　　　　　　）　　7) traducir（1単）（　　　　　　　）

3) conocer（3複）（　　　　　　　）　　8) saber（3複）　（　　　　　　　）

4) traer（1単）　（　　　　　　　）　　9) dar（2複）　　（　　　　　　　）

5) salir（1単）　（　　　　　　　）　　10) ver（1単）　　（　　　　　　　）

6 カッコ内の不定詞を直説法現在形に活用させましょう。

1) Yo (**conocer**　　　　　　　　) a la hermana de María.

　　私はマリアのお姉さんを知っている。

2) ¿(**Saber**, *tú*　　　　　　　　) conducir?

　　君は車の運転ができるの？

3) Nosotros (**dar**　　　　　　　　) un paseo por la playa.

　　私たちはビーチを散歩する。

4) Yo (**hacer**　　　　　　　) los deberes en la biblioteca.

　　私は図書館で宿題をする。

5) ¿Me (**traer**　　　　　　　　) usted un vaso de agua?

　　水を1杯持ってきてもらえますか？

7 次の動詞をカッコ内の人称に合わせて直説法現在形に活用させましょう。

1) enviar（1単）　（　　　　　　　）　　6) variar（3単）　（　　　　　　　）

2) actuar（2複）　（　　　　　　　）　　7) destruir（3複）（　　　　　　　）

3) confiar（2単）　（　　　　　　　）　　8) huir（3単）　　（　　　　　　　）

4) prohibir（3複）（　　　　　　　）　　9) reunir（1単）　（　　　　　　　）

5) construir（1複）（　　　　　　　）　　10) continuar（3単）（　　　　　　　）

8 カッコ内の不定詞を直説法現在形に活用させましょう。

1) Esta calle (**continuar**　　　　　　　　) hasta el mar.

　　この通りは海まで続いている。

2) El médico (**prohibir**　　　　　　　　) fumar al enfermo.

　　医者は患者の喫煙を禁じている。

3) Esa arquitecta (**construir**　　　　　　　　) casas muy modernas.

　　その建築家はとてもモダンな家を建てる。

4) Nosotros (**confiar**　　　　　　　　) en ti.

　　私たちは君を信頼している。

5) Los abuelos (**enviar**　　　　　　　　) un paquete por correo a su nieto.

　　祖父母は孫に小包を郵送する。

9 次の動詞をカッコ内の人称に合わせて直説法現在形に活用させましょう。

1) decir（1単）（   ）   6) oír（2複）   （   ）

2) oír（3単）（   ）   7) decir（2単）（   ）

3) tener（1複）（   ）   8) venir（1複）（   ）

4) venir（3複）（   ）   9) ir（1単）   （   ）

5) ir（3単） （   ）   10) tener（1単）（   ）

10 カッコ内の不定詞を直説法現在形に活用させましょう。

1) ¿Cuántos hermanos (**tener**, *tú*   )?

   君は何人兄弟がいるの？

2) Mi primo (**tener**   ) veinte años.

   私のいとこは20歳です。

3) ¿No (**oír**, *vosotros*   ) un ruido extraño?

   変な音が聞こえない？

4) Mi hijo (**ir**   ) solo a México.

   私の息子は一人でメキシコに行く。

5) Esta tarde Jorge y Miguel (**venir**   ) a vernos.

   今日の午後ホルヘとミゲルが私たちに会いに来る。

6) Antonio no (**decir**   ) mentiras.

   アントニオは嘘を言わない。

7) ¿(**Venir**, *vosotros*   ) a la universidad en autobús?

   君たちは大学へバスで来るの？

8) (**Ir**, *nosotros*   ) a comer en aquel restaurante.

   あのレストランで食べましょう。

9) Ellos no (**oír**   ) a sus padres.

   彼らは親の言うことに耳を貸さない。

10) (**Tener**   ) mucho sueño.

   私はとても眠い。

9

疑問文

1 例にならって、次の文が答えになるような疑問文を作りましょう。

例）¿*Hablas inglés?* — Sí, hablo inglés. 君は英語を話すの？ — はい、話します。

1) — ¿(   )?

— Sí, tengo mucha hambre.　はい、とても（お腹が）すいています。

2) — ¿(   )?

— Sí, quiero comprar un ordenador.　はい、コンピューターを買いたいです。

3) — ¿(   )?

— Sí, siempre como en este restaurante.　はい、いつもこのレストランでお昼を食べます。

4) — ¿(   )?

— Sí, mis hijos estudian mucho.　はい、私の子供たちはよく勉強します。

5) — ¿(   )?

— Sí, tenemos que ir andando.　はい、歩いて行かないといけないんです。

6) — ¿(   )?

— No, no conozco España.　いいえ、スペインへは行ったことがありません。

7) — ¿(   )?

— No, Miguel no sale con Ana. Sale con Isabel.

いいえ、ミゲルはアナとは付き合っていません。イサベルと付き合っています。

8) — ¿(   )?

— No, no vivo con mi familia. Vivo sola.

いいえ、家族とは住んでいません。一人暮らしです。

9) — ¿(   )?

— No, mis padres no están en México. Están en Chile.

いいえ、私の両親はメキシコにはいません。チリにいます。

10) — ¿(   )?

— No, no soy argentina. Soy uruguaya.

いいえ、アルゼンチン人ではありません。ウルグアイ人です。

2 対話が成り立つように、適切な疑問詞を枠内から選んで入れましょう。

cómo, cuándo, cuál, cuántos, dónde, qué, quién

1) — ¿(   ) es el nombre de la canción?

— Es "Algún día".　「いつの日か」です。

2) — ¿(   ) años tiene tu abuelo?

— Tiene ochenta años.　80歳です。

20

3) — ¿(　　　　　　　　) está usted?

— Muy bien, gracias.　元気です、ありがとう。

4) — ¿(　　　　　　　　) es aquel señor?

— Es mi suegro.　義理の父です。

5) — ¿(　　　　　　　　) es eso?

— Es un llavero.　キーホルダーです。

6) — ¿(　　　　　　　　) jugáis al tenis?

— Después de la clase.　放課後です。

7) — ¿(　　　　　　　　) vas a comprar el regalo?

— En una tienda del centro comercial.　ショッピングセンターのお店でです。

8) — ¿(　　　　　　　　) empiezan las vacaciones?

— La semana que viene.　来週です。

9) — ¿De (　　　　　　　　) son ustedes?

— Somos de Japón.　日本出身です。

10) — ¿(　　　　　　　　) es su ciudad?

— Es muy tranquila.　とても静かです。

3　下線部を尋ねる疑問文を作りましょう。

1) Ellas trabajan en una tienda de ropa.　彼女たちは服屋で働いています。

→ ¿(　　　　　　　　　　　　　　　　　　　)?

2) Sus padres vienen la próxima semana.　彼女の両親は来週来ます。

→ ¿(　　　　　　　　　　　　　　　　　　　)?

3) Pienso estar cinco días en Los Ángeles.　ロサンゼルスに5日間いるつもりだ。

→ ¿(　　　　　　　　　　　　　　　　　　　)?

4) Ceno ensalada y pescado esta noche.　今夜サラダと魚を夕食に食べます。

→ ¿(　　　　　　　　　　　　　　　　　　　)?

5) Estas zapatillas son de Pedro.　このスリッパはペドロのものです。

→ ¿(　　　　　　　　　　　　　　　　　　　)?

6) Elena va con Raquel.　エレナがラケルと一緒に行きます。

→ ¿(　　　　　　　　　　　　　　　　　　　)?

7) El hospital está cerca de la estación.　病院は駅の近くにあります。

→ ¿(　　　　　　　　　　　　　　　　　　　)?

8) Duermo siete horas generalmente.　普通7時間眠ります。

→ ¿(　　　　　　　　　　　　　　　　　　　)?

9) Mi profesora es muy divertida.　私の先生はとても面白いです。

→ ¿(　　　　　　　　　　　　　　　　　　　)?

10) Mi nueva dirección es la calle Pozo, número 9.　私の新住所はポソ通り9番地です。

→ ¿(　　　　　　　　　　　　　　　　　　　)?

10 目的語・目的格人称代名詞

1 必要があれば前置詞 **a** をカッコ内に入れましょう。

1) No conocemos （　　） Ecuador.

2) Jesús no lee （　　） periódicos.

3) Los niños visitan （　　） sus abuelos.

4) Esta tarde tengo que llamar （　　） Maite.

5) Hoy entrego el regalo （　　） Julia.

2 下線部を直接目的格人称代名詞にかえて、文を書き換えましょう。

> 例）Leo el periódico.　私は新聞を読みます。　→　*Lo leo.*　私はそれを読みます。

1) No conocéis a los padres de Josefa, ¿verdad?　　　→　_____
   君たちはホセファのご両親を知らないんだよね？

2) Visitamos este museo hoy.　　　→　_____
   私たちは今日この美術館を訪問する。

3) ¿Usas el ordenador todos los días?　　　→　_____
   君は毎日コンピューターを使うの？

4) Elena compra dos kilos de tomates en este mercado.　→　_____
   エレナはこの市場でトマトを2キロ買う。

5) Miguel lleva a sus hijas al colegio.　　　→　_____
   ミゲルは娘たちを学校に連れていく。

6) Queremos aprender español.　　　→　_____
   私たちはスペイン語を習いたい。

7) Vamos a abrir las ventanas.　　　→　_____
   窓を開けましょう。

8) ¿Dónde vas a dejar la bicicleta?　　　→　_____
   君はどこに自転車を置くつもりなの？

9) Tengo que terminar la tarea.　　　→　_____
   私は課題を終わらせなければなりません。

10) Ellos tienen que esperar a sus amigos.　　　→　_____
    彼らは友達を待たなくてはならない。

3 下線部を目的格人称代名詞にかえて、文を書き換えましょう。

> 例）¿Me compras unas flores?　私に花を買ってくれる？
> → *¿Me las compras?*　私にそれらを買ってくれる？

1) Os doy este juego.　　　→　_____
   君たちにこのゲームをあげるよ。

2) Ahora te digo sus nombres.　　　→　_____
   今から君に彼らの名前を言います。

3) Nuria le enseña <u>la ciudad</u>.　　　　　　　→　------------------------------
　　ヌリアは彼に町を案内する。

4) Enviamos <u>el regalo</u> a los abuelos.　　　→　------------------------------
　　私たちは祖父母にプレゼントを送る。

5) Mónica me trae <u>la agenda</u>.　　　　　　→　------------------------------
　　モニカは私に手帳を持ってきてくれる。

6) Debéis mostrarles <u>el pasaporte</u>.　　　　→　------------------------------
　　君たちは彼らにパスポートを見せなければなりません。

7) Tienes que dejar <u>tu tableta</u> a tu hermana.　→　------------------------------
　　君は妹にタブレットを貸してあげなければだめですよ。

8) Te quieren entregar <u>los documentos</u>.　　→　------------------------------
　　彼らは君に書類を渡したがっている。

9) ¿Vas a mandar <u>la información</u> a Carmen?　→　------------------------------
　　君はカルメンに情報を送るつもりなの？

10) ¿Puede usted decirme <u>su opinión</u>?　　　→　------------------------------
　　あなたのご意見をおっしゃっていただけますか？

4 ［　］には目的格人称代名詞を、下線には適切な動詞を入れて、質問の答えを完成させましょう。

1) — ¿Nos ayudáis?　私たちを手伝ってもらえますか？
　　— Sí, [　　　　　] _____ .

2) — ¿Ves a Jorge hoy?　今日ホルへに会いますか？
　　— No, no [　　　　　　] _____ hoy.

3) — ¿Invitas a Eva a la fiesta?　エバをパーティーに招待するの？
　　— No, no [　　　　　　] _____ .

4) — ¿Me enseñas la foto?　写真を見せてもらえる？
　　— Sí, [　　　　　] [　　　　　] _____ .

5) — ¿Le llevas el paraguas a Sonia?　ソニアに傘を持っていくの？
　　— Sí, [　　　　　] [　　　　　] _____ .

6) — ¿Me dejas tus apuntes?　私に授業ノートを貸してもらえる？
　　— Sí, [　　　　　] [　　　　　] _____ .

7) — ¿Nos da su número de teléfono?　あなたの電話番号を教えていただけますか？
　　— Sí, [　　　　　] [　　　　　] _____ .

8) — ¿Con quién visitáis a la abuela?　君たちは誰とおばあさんのところに行くのですか？
　　— [　　　　　　] _____ con nuestros primos.

9) — ¿Cuándo le vendéis el coche?　いつ彼に車を売るんだい？
　　— [　　　　] [　　　　　] _____ este fin de semana.

10) — ¿Quién le trae el regalo?　誰が彼女にプレゼントを持ってくるの？
　　— [　　　　] [　　　　　] _____ yo.

11 gustar 型動詞

1 [ ] には適切な目的格人称代名詞を、下線には動詞 **gustar** の活用形を入れましょう。

1) A mí [   ] _____ los perros.
   私は犬が好きです。

2) A mi hermano [   ] _____ los deportes.
   私の兄はスポーツが好きです。

3) A Pedro y a mí [   ] _____ la música clásica.
   ペドロと私はクラシック音楽が好きです。

4) ¿A vosotros [   ] _____ el mar?
   君たちは海が好き？

5) ¿A ti [   ] _____ los helados?
   君はアイスクリームが好き？

6) ¿A tu madre [   ] _____ jugar al golf?
   君のお母さんはゴルフをするのが好きなの？

7) ¿A ti no [   ] _____ nadar?
   君は泳ぐのが好きじゃないの？

8) A Felipe [   ] _____ la comida japonesa.
   フェリペは日本食が好きです。

9) A mí [   ] _____ mucho esta película.
   私はこの映画がとても好きです。

10) A mis abuelos [   ] _____ pasear por el parque.
    私の祖父母は公園を散歩するのが好きだ。

2 例にならって、相手の意見に賛成または反対する答えを作りましょう。

> 例) Me gusta el cine. — *A mí también. / A mí no.*
> 私は映画が好きです。—私もです。／ 私は好きではありません。
> No me gusta el fútbol. — *A nosotros tampoco. / A nosotros sí.*
> 私はサッカーが好きではありません。—私たちもです。／ 私たちは好きです。

1) Nos gusta el vino. — _
   私たちはワインが好きです。—私たちは好きではありません。

2) No me gustan los gatos. — _
   私は猫が好きではありません。—私は好きです。

3) A mi hermano le gusta el baloncesto. — _
   私の弟はバスケットボールが好きです。—私の弟もです。

4) A Rosa no le gusta cocinar. — _
   ロサは料理するのが好きではありません。—私もです。

5) No me gusta el pescado. — _
   私は魚が好きではありません。—私たちは好きです。

24

3 対話が成り立つように、カッコ内の不定詞を直説法現在形に活用させ、[ ] には適切な目的格人称代名詞を入れましょう。

1) 頭が痛いの？―いや、歯が痛いんだ。

　―¿Te (**doler**　　　　　　　　) la cabeza?

　―No, [　　] (**doler**　　　　　　　　　) las muelas.

2) 君たちはテニスをするのが好きなの？―そう、大好きなんだ。

　―¿Os (**gustar**　　　　　　　　) jugar al tenis?

　―Sí, [　　] (**encantar**　　　　　　　　).

3) マルタは日本文化に興味があるの？―そう、とても。

　―¿A Marta [　　] (**interesar**　　　　　　　　) la cultura japonesa?

　―Sí, [　　] (**interesar**　　　　　　) mucho.

4) 胃が痛いの？―うん、少し。

　―¿Te (**doler**　　　　　　　) el estómago?

　―Sí, [　　] (**doler**　　　　　　) un poco.

5) この靴どう思う？―とてもかわいいと思う。

　―¿Qué te (**parecer**　　　　　　) estos zapatos?

　―[　　] (**parecer**　　　　　) muy bonitos.

6) ロベルトはベラスケスの絵に興味があるの？―はい、とても。

　―¿A Roberto [　　] (**interesar**　　　　　　　　) las pinturas de Velázquez?

　―Sí, [　　] (**interesar**　　　　　　) mucho.

7) 君たち、この小説どう思う？―とても楽しいと思うね。

　―¿Qué os (**parecer**　　　　　　) esta novela?

　―[　　] (**parecer**　　　　　) muy divertida.

8) 少し待ってもらっていいかな。―うん、構わないよ。

　―¿Te (**importar**　　　　　　) esperar un poco?

　―No, no [　　] (**importar**　　　　　　).

9) 僕たちはサッカーが好きなんだけど、君は？―私も大好きだよ。

　―A nosotros [　　] (**gustar**　　　　　　　　) el fútbol. ¿Y a ti?

　―A mí también [　　] (**gustar**　　　　　　) mucho.

10) どうしたの？―目が痛くて。

　―¿Qué te (**pasar**　　　　　　)?

　―[　　] (**doler**　　　　　) los ojos.

12 再帰動詞

1 次の再帰動詞をカッコ内の人称に合わせて直説法現在形に活用させましょう。

1) acostarse（2単） （　　　　　　）
2) bañarse（1複） （　　　　　　）
3) ducharse（2複） （　　　　　　）
4) ponerse（3複） （　　　　　　）
5) levantarse（1単） （　　　　　　）
6) sentarse（3複） （　　　　　　）
7) alegrarse（2複） （　　　　　　）
8) casarse（2単） （　　　　　　）
9) lavarse（1複） （　　　　　　）
10) quitarse（1複） （　　　　　　）
11) mirarse（1単） （　　　　　　）
12) afeitarse（3複） （　　　　　　）
13) peinarse（3単） （　　　　　　）
14) despertarse（2単） （　　　　　　）
15) limpiarse（1単） （　　　　　　）
16) llamarse（3複） （　　　　　　）
17) vestirse（1単） （　　　　　　）
18) acostumbrarse（1複） （　　　　　　）
19) cortarse（3単） （　　　　　　）
20) dedicarse（2単） （　　　　　　）

2 カッコ内の再帰動詞を直説法現在形に活用させましょう。

1) ¿A qué hora (**acostar**se, *tú* 　　　　　　　　) normalmente?
   君は普段何時に寝るの？

2) ¿Cómo (**llamar**se 　　　　　　　) su hermana?
   あなたのお姉さんのお名前は何ですか？

3) Mis hijos (**levantar**se 　　　　　　　　) muy temprano.
   私の子供たちはとても早起きです。

4) ¿(**Bañar**se, *tú* 　　　　　　　) después de cenar?
   君は夕食の後にお風呂に入るの？

5) ¿A qué (**dedicar**se 　　　　　　　) tus padres?
   ご両親の職業は何ですか？

6) Ellos (**sentar**se 　　　　　　　) en el sofá.
   彼らはソファーに座る。

7) Maite (**duchar**se 　　　　　　　) antes de desayunar.
   マイテは朝食の前にシャワーを浴びる。

8) ¿No (**quitar**se, *vosotros* 　　　　　　　) el abrigo?
   コートを脱がないの？

9) (**Poner**se 　　　　　　　) los zapatos aquí.
   私たちはここで靴を履きます。

10) (**Alegrar**se 　　　　　　　) de verte.
    私は君に会えてうれしい。

3 次の再帰動詞をカッコ内の人称に合わせて直説法現在形に活用させましょう。

1) quererse（1複） （　　　　　　）
2) irse（1単） （　　　　　　）
6) ayudarse（3複） （　　　　　　）
7) marcharse（2単） （　　　　　　）

3) conocerse (1複)　(　　　　　　　　　)　　8) morirse (3単)　(　　　　　　　　)

4) escribirse (3複)　(　　　　　　　　)　　9) quedarse (3複)　(　　　　　　　)

5) verse (1複)　　　(　　　　　　　　)　　10) dormirse (2単)　(　　　　　　　)

④　カッコ内の再帰動詞を直説法現在形に活用させましょう。

　　1) Mis padres (**querer**se　　　　　　　　　　　) mucho.
　　　私の両親はとても愛し合っている。

　　2) (**Morir**se　　　　　　　　　　　) de sed.
　　　私はのどが渇いて死にそうだ。

　　3) ¿Vosotros (**escribir**se　　　　　　　　　　　) mucho?
　　　君たちはよく手紙を書き合うの？

　　4) Teresa y Pablo (**ver**se　　　　　　　　　) todos los fines de semana.
　　　テレサとパブロは毎週末会う。

　　5) Nosotros (**ir**se　　　　　　　　　) porque ya es tarde.
　　　もう遅いので、私たちは失礼します。

⑤　カッコ内の再帰動詞を適切な形にしましょう。

　　1) Puedes (**quedar**se　　　　　　　　　) hoy en casa.
　　　今日は家にいていいですよ。

　　2) Voy a (**cortar**se　　　　　　　　) el pelo.
　　　私は髪を切るつもりだ。

　　3) ¿Vais a (**acostar**se　　　　　　　　) ya?
　　　君たちもう寝るの？

　　4) Todavía no puedo (**acostumbrar**se　　　　　　　　　) al nuevo ambiente.
　　　私はまだ新しい環境に慣れることができない。

　　5) Mañana tenemos que (**levantar**se　　　　　　　　) a las seis.
　　　明日は6時に起きないといけない。

⑥　下線部を目的格人称代名詞にかえて、文を書き換えましょう。

　　1) Aquí tienes que quitarte el gorro.　　→　------------------------------------
　　　ここでは帽子を脱がないといけないよ。

　　2) ¿Puedo ponerme la chaqueta?　　→　------------------------------------
　　　上着を着てもいいですか？

　　3) Voy a cortarme las uñas.　　→　------------------------------------
　　　爪を切ろう。

　　4) Tenemos que lavarnos bien las manos.　→　------------------------------------
　　　手をよく洗わなければならない。

　　5) Sofía no quiere ponerse este vestido.　→　------------------------------------
　　　ソフィアはこのワンピースを着たくない。

13

直説法現在完了

❶ 次の動詞を過去分詞（男性単数形）にしましょう。

1) esperar （　　　　　　）　　6) vender （　　　　　　）
2) hacer （　　　　　　）　　7) ver （　　　　　　）
3) salir （　　　　　　）　　8) ir （　　　　　　）
4) morir （　　　　　　）　　9) escribir （　　　　　　）
5) llegar （　　　　　　）　　10) cubrir （　　　　　　）

❷ 次の動詞をカッコ内の人称に合わせて直説法現在完了形に活用させましょう。

1) beber（2単）（　　　　　　）　　6) abrir（1単）（　　　　　　）
2) pedir（3単）（　　　　　　）　　7) volver（3複）（　　　　　　）
3) explicar（2複）（　　　　　　）　　8) romper（2単）（　　　　　　）
4) oír（1複）（　　　　　　）　　9) decir（2複）（　　　　　　）
5) contar（1単）（　　　　　　）　　10) poner（1複）（　　　　　　）

❸ カッコ内の不定詞を直説法現在完了形に活用させましょう。

1) Esta noche (**cenar** 　　　　　　) con Darío.
   今夜私たちはダリオと夕食を取った。
2) ¿Ya (**volver** 　　　　　　) Sebastián?
   セバスティアンはもう戻っている？
3) Los niños todavía no (**hacer** 　　　　　　) los deberes.
   子供たちはまだ宿題をやっていない。
4) El tren ya (**salir** 　　　　　　).
   電車はもう出てしまった。
5) Esta mañana (**leer** 　　　　　　) dos periódicos.
   今朝私は新聞を2紙読んだ。
6) Mis padres todavía no (**venir** 　　　　　　).
   私の両親はまだ来ていません。
7) ¿(**Ver**, *tú* 　　　　　　) las películas de este director?
   君はこの監督の映画を見たことがありますか？
8) ¿Cuántas veces (**viajar** 　　　　　　) ustedes por Sudamérica?
   あなた方は何回南米を旅行なさったのですか？
9) ¿Alguna vez (**tener**, *vosotros* 　　　　　　) mascotas?
   君たちは今までにペットを飼ったことがありますか？
10) (**Estar** 　　　　　　) una vez en Portugal.
    私はポルトガルに1度行ったことがあります。

4　次の再帰動詞をカッコ内の人称に合わせて直説法現在完了形に活用させましょう。

1）quedarse（3単）（　　　　　　　　）　6）irse（2単）　　　　　（　　　　　　　　）

2）bañarse（2単）（　　　　　　　　）　7）alegrarse（3単）（　　　　　　　　）

3）ponerse（1単）（　　　　　　　　）　8）afeitarse（1単）（　　　　　　　　）

4）vestirse（2複）（　　　　　　　　）　9）verse（3複）（　　　　　　　　）

5）escribirse（1複）（　　　　　　　）　10）quitarse（1複）（　　　　　　　　）

5　カッコ内の再帰動詞を直説法現在完了形に活用させましょう。

1）（**Dormir**se　　　　　　　　　　　）en el tren.
　　私は電車の中で眠り込んでしまった。

2）Esta mañana（**despertar**se　　　　　　　　　）por el ruido.
　　今朝私たちは騒音で目が覚めた。

3）¿Dónde（**conocer**se, *ustedes*　　　　　　　　　　　）?
　　あなた方はどこで知り合いになったのですか？

4）Ramón y yo（**casar**se　　　　　　　　）este año.
　　ラモンと私は今年結婚しました。

5）¿Todavía no（**limpiar**se, *vosotros*　　　　　　　　　）los dientes?
　　君たちはまだ歯を磨いていないの？

6）¿A qué hora（**levantar**se, *tú*　　　　　　　　）esta mañana?
　　君は今朝何時に起きたの？

7）La niña todavía no（**poner**se　　　　　　　　）los zapatos.
　　女の子はまだ靴を履いていない。

8）¿Ya（**acostar**se　　　　　　　　）los abuelos?
　　もうおじいちゃんとおばあちゃんは寝てしまったの？

9）Últimamente no（**ver**se, *nosotros*　　　　　　　　　）en la universidad.
　　最近大学で会っていないね。

10）Los niños（**sentar**se　　　　　　　　）en la primera fila.
　　子供たちは1列目に座った。

6　下線部を目的格人称代名詞にかえて、文を書き換えましょう。

1）Lola se ha quitado los guantes.　→　--
　　ロラは手袋を外した。

2）Me he puesto la bufanda.　→　--
　　私はマフラーを巻いた。

3）Encarna se ha pintado los ojos.　→　--
　　エンカルナはアイメークをした。

4）¿Ya te has lavado las manos?　→　--
　　もう手は洗ったの？

5）Mi marido se ha cortado el pelo.　→　--
　　夫は髪を切った。

14 直説法点過去

1 次の動詞をカッコ内の人称に合わせて直説法点過去形に活用させましょう。

1) hablar (2単)　　　(　　　　　　)　　11) entender (2複)　(　　　　　　)
2) comer (3単)　　　(　　　　　　)　　12) cerrar (3複)　　(　　　　　　)
3) vivir (1複)　　　(　　　　　　)　　13) bailar (3複)　　(　　　　　　)
4) comprar (3単)　　(　　　　　　)　　14) volver (2単)　　(　　　　　　)
5) beber (2複)　　　(　　　　　　)　　15) recordar (2複)　(　　　　　　)
6) jugar (3単)　　　(　　　　　　)　　16) pintar (2単)　　(　　　　　　)
7) escribir (1単)　　(　　　　　　)　　17) llegar (1単)　　(　　　　　　)
8) terminar (1複)　　(　　　　　　)　　18) explicar (1単)　(　　　　　　)
9) comenzar (1単)　　(　　　　　　)　　19) leer (3単)　　　(　　　　　　)
10) oír (3複)　　　　(　　　　　　)　　20) aprender (3複)　(　　　　　　)

2 カッコ内の不定詞を直説法点過去形に活用させましょう。

1) Eduardo (**vivir**　　　　　　) dos años en Japón.
　　エドゥアルドは2年間日本に住んだ。

2) Me (**gustar**　　　　　　　) mucho Madrid.
　　私はマドリードがとても気に入った。

3) ¿(**Oír**, *tú*　　　　　　　) ese ruido?
　　君はその音を聞いたの？

4) Picasso (**nacer**　　　　　　) en Málaga.
　　ピカソはマラガで生まれた。

5) Ayer (**conocer**　　　　　　) a una chica chilena.
　　昨日私はチリ人の女の子と知り合った。

6) El domingo pasado (**jugar**　　　　　　) al tenis con Juana.
　　先週の日曜日私はフアナとテニスをした。

7) El avión (**salir**　　　　　　) a las once de la mañana.
　　飛行機は午前11時に出発した。

8) Anoche Pablo y yo (**cenar**　　　　　　) en un restaurante mexicano.
　　昨夜パブロと私はメキシコ料理のレストランで夕食を取った。

9) ¿(**Leer**, *vosotros*　　　　　　) todo el libro?
　　君たちはその本を全部読んだ？

10) Yo (**empezar**　　　　　　) a estudiar español el año pasado.
　　私は昨年スペイン語を勉強し始めた。

3 次の動詞をカッコ内の人称に合わせて直説法点過去形に活用させましょう。

1) pedir (1単)　　　　（　　　　　　　　）
2) venir (3単)　　　　（　　　　　　　　）
3) sentir (3複)　　　　（　　　　　　　　）
4) seguir (2単)　　　　（　　　　　　　　）
5) decir (3複)　　　　（　　　　　　　　）
6) morir (3単)　　　　（　　　　　　　　）
7) tener (1単)　　　　（　　　　　　　　）
8) ir (3単)　　　　　　（　　　　　　　　）
9) poder (2複)　　　　（　　　　　　　　）
10) conducir (2単)　　（　　　　　　　　）

11) poner (2単)　　　　（　　　　　　　　）
12) repetir (3単)　　　（　　　　　　　　）
13) querer (2複)　　　（　　　　　　　　）
14) hacer (1単)　　　　（　　　　　　　　）
15) dormir (3複)　　　（　　　　　　　　）
16) traer (2複)　　　　（　　　　　　　　）
17) estar (3単)　　　　（　　　　　　　　）
18) dar (1単)　　　　　（　　　　　　　　）
19) ser (3複)　　　　　（　　　　　　　　）
20) saber (1複)　　　　（　　　　　　　　）

4 カッコ内の不定詞を直説法点過去形に活用させましょう。

1) ¿Con quién (**ir**, *tú*　　　　　　　　　) al cine ayer?
　　昨日誰と映画に行ったの？

2) La semana pasada mis primos (**venir**　　　　　　　) a mi casa.
　　先週いとこたちが私の家に来た。

3) ¿Qué (**hacer**, *vosotros*　　　　　　　) el fin de semana pasado?
　　君たちは先週末何をしましたか？

4) (**Estar**　　　　　　　) con María hasta las cinco de la tarde.
　　私は午後5時までマリアと一緒にいた。

5) Luis no me (**decir**　　　　　　　) nada.
　　ルイスは私に何も言わなかった。

6) (**Dormir**　　　　　　　) siete horas.
　　私は7時間眠った。

7) El camarero me (**servir**　　　　　　　) un café.
　　ウェイターは私にコーヒーを出してくれた。

8) El profesor (**repetir**　　　　　　　) la pregunta.
　　先生は質問を繰り返した。

9) ¿Cuándo (**saber**　　　　　　　) ustedes esa noticia?
　　あなた方はいつそのニュースを知ったんですか？

10) Julio nos (**traer**　　　　　　　) una botella de vino tinto.
　　フリオは私たちに赤ワインを1本持ってきてくれた。

5 次の動詞をカッコ内の人称に合わせて直説法点過去形に活用させましょう。

1) invitar（3複）　　（　　　　　　　）　11) conocer（3単）　（　　　　　　　）
2) cerrar（2複）　　（　　　　　　　）　12) dormir（2単）　（　　　　　　　）
3) empezar（1単）　（　　　　　　　）　13) seguir（3単）　（　　　　　　　）
4) dar（2複）　　　（　　　　　　　）　14) poner（1複）　（　　　　　　　）
5) estar（2単）　　（　　　　　　　）　15) abrir（2複）　（　　　　　　　）
6) leer（3単）　　　（　　　　　　　）　16) sacar（1複）　（　　　　　　　）
7) escribir（1単）　（　　　　　　　）　17) tener（1複）　（　　　　　　　）
8) ser（3単）　　　（　　　　　　　）　18) venir（3単）　（　　　　　　　）
9) pagar（1単）　　（　　　　　　　）　19) pedir（3複）　（　　　　　　　）
10) hacer（1複）　　（　　　　　　　）　20) ir（2複）　　（　　　　　　　）

6 カッコ内の不定詞を直説法点過去形に活用させましょう。

1) El sábado pasado（**visitar**　　　　　　　　　）a mi abuelo en el hospital.
　先週の土曜日、私は病院にいる祖父を訪ねた。

2) （**Querer**　　　　　　　　）una chaqueta negra.
　私は黒いジャケットが欲しくなった。

3) ¿Cuántos años（**vivir**, *vosotros*　　　　　　　　　）en Nueva York?
　君たちはニューヨークに何年間暮らしたの？

4) Jorge le（**dar**　　　　　　　　）mil yenes a su hijo.
　ホルヘは息子に千円渡した。

5) ¿Qué tiempo（**hacer**　　　　　　　　）en Lima?
　リマはどんな天気でしたか？

6) Mis amigos（**estar**　　　　　　　　）una semana en Tokio.
　私の友人たちは東京に1週間いた。

7) El curso de verano（**terminar**　　　　　　　　）en septiembre.
　夏のコースは9月に終わった。

8) ¿Qué tal（**ser**　　　　　　　　）la fiesta de ayer?
　昨日のパーティーはどうだった？

9) Muchos jóvenes（**morir**　　　　　　　　）en la guerra.
　多くの若者が戦争で亡くなった。

10) La semana pasada ellos（**trabajar**　　　　　　　　）mucho.
　先週彼らはたくさん働いた。

7 次の再帰動詞をカッコ内の人称に合わせて直説法点過去形に活用させましょう。

1) lavarse（3単）　（　　　　　　　　　）　　6) quedarse（1複）　（　　　　　　　　　　）

2) levantarse（2複）（　　　　　　　　　）　　7) alegrarse（3複）　（　　　　　　　　　　）

3) acostarse（3複）　（　　　　　　　　　）　　8) sentarse（1単）　（　　　　　　　　　　）

4) quitarse（2単）　（　　　　　　　　　）　　9) irse（2単）　　　（　　　　　　　　　　）

5) verse（1複）　　　（　　　　　　　　　）　　10) ponerse（3単）　（　　　　　　　　　　）

8 カッコ内の再帰動詞を直説法点過去形に活用させましょう。

1) Los niños (**lavar**se　　　　　　　　　　　) los dientes después de comer.
　　子どもたちは食事のあと歯を磨いた。

2) Ayer (**levantar**se　　　　　　　　　　) muy temprano.
　　昨日私たちはとても早く起きた。

3) Anoche (**acostar**se　　　　　　　　　　) a las once y media.
　　昨夜私は11時半に寝た。

4) ¿Cuándo (**conocer**se, *vosotros*　　　　　　　　　　)?
　　君たちはいつ知り合ったの？

5) Margarita y Raúl (**casar**se　　　　　　　　　) el mes pasado.
　　マルガリタとラウルは先月結婚した。

6) Carmen (**maquillar**se　　　　　　　　　) antes de salir.
　　カルメンは出かける前に化粧をした。

7) Rebeca (**poner**se　　　　　　　　　) el abrigo rojo.
　　レベカは赤いコートを着た。

8) (**Dormir**se　　　　　　　　　) en el metro.
　　私は地下鉄で眠ってしまった。

9) ¿(**Bañar**se, *tú*　　　　　　　　　) antes de cenar?
　　君は夕食の前にお風呂に入ったの？

10) ¿Dónde (**alojar**se, *vosotros*　　　　　　　　　) en Barcelona?
　　バルセロナではどこに泊まったの？

15 直説法線過去

1 次の動詞をカッコ内の人称に合わせて直説法線過去形に活用させましょう。

1) venir (1単)　　（　　　　　　）　　11) viajar (1単)　　（　　　　　　）
2) tener (3複)　　（　　　　　　）　　12) dormir (1複)　　（　　　　　　）
3) vivir (2複)　　（　　　　　　）　　13) decir (3単)　　（　　　　　　）
4) querer (1単)　　（　　　　　　）　　14) poder (3単)　　（　　　　　　）
5) leer (3単)　　（　　　　　　）　　15) ser (2単)　　（　　　　　　）
6) hacer (1複)　　（　　　　　　）　　16) ver (1複)　　（　　　　　　）
7) hablar (2複)　　（　　　　　　）　　17) pensar (3複)　　（　　　　　　）
8) ir (3複)　　（　　　　　　）　　18) estar (2複)　　（　　　　　　）
9) trabajar (2単)　　（　　　　　　）　　19) ponerse (1単)　　（　　　　　　）
10) escribir (1複)　　（　　　　　　）　　20) acostarse (3単)　　（　　　　　　）

2 カッコ内の不定詞を直説法線過去形に活用させましょう。

1) (**Viajar**　　　　　　) todos los veranos.
   私たちは毎年夏に旅行していた。

2) Antes Hugo (**vivir**　　　　　　) cerca de mi casa.
   ウゴは以前私の家の近くに住んでいた。

3) Nosotros (**ir**　　　　　　) a la escuela en autobús.
   私たちはバスで学校へ通っていた。

4) De pequeña yo (**querer**　　　　　　) ser bombera.
   小さい頃私は消防士になりたかった。

5) Mis padres (**trabajar**　　　　　　) todo el día.
   私の両親は一日中働いていた。

6) ¿(**Ver**, *tú*　　　　　　) muchas películas entonces?
   当時よく映画を見ていたの？

7) Mis amigos me (**esperar**　　　　　　) en la estación.
   友人たちは駅で私を待っていた。

8) Cuando (**ser**　　　　　　) niños, no (**haber**　　　　　　)
   teléfonos móviles.
   私たちが子供の頃は携帯電話はなかった。

9) Las tiendas (**estar**　　　　　　) cerradas.
   店は閉まっていた。

10) (**Querer**, *vosotros*　　　　　　) ir a ese concierto, ¿verdad?
   そのコンサートに行きたかったんでしょう？

3 （　）の動詞は点過去形、［　］の動詞は線過去形に活用させましょう。

1) Elena [**tener**　　　　　] diez años cuando (**nacer**　　　　　　　) su hermana.
   妹が生まれたとき、エレナは10歳だった。

2) Víctor (**decir**　　　　　) que no [**poder**　　　　　　　] verme.
   ビクトルは私に会えないと言った。

3) Mientras yo [**pasar**　　　　　] la aspiradora, mi pareja [**planchar**　　　　　].
   私が掃除機をかけている間、私のパートナーはアイロンがけをしていた。

4) Yo [**creer**　　　　] que ella [**vivir**　　　　　] con su familia.
   私は彼女が家族と一緒に住んでいるのだと思っていた。

5) Cuando (**llegar**　　　　　) a casa, la luz [**estar**　　　　　] apagada.
   私たちが家に着いたとき、明かりは消えていた。

6) Le (**preguntar**　　　　　) dos veces, pero no me (**contestar**　　　　　).
   私は彼に2度質問したが、彼は答えなかった。

7) No te (**poder**　　　　　) avisar de antemano porque no [**querer**　　　　　]
   asustarte.
   驚かせたくなかったから事前に知らせられなかったよ。

8) ¿Qué [**hacer**, *tú*　　　　　] los fines de semana cuando [**ser**, *tú*　　　　　]
   estudiante?
   学生のとき週末は何をしてた？

9) Ayer (**tener**　　　　　) que ir en tren porque mi marido
   [**necesitar**　　　　　] el coche.
   昨日は夫が車を必要としていたので私は電車で行かないといけなかった。

10) [**Ser**　　　　　] las cinco de la tarde cuando (**venir**　　　　　) Jorge.
   ホルヘが来たとき午後の5時だった。

4 a)の動詞は点過去形、b)の動詞は線過去形に活用させましょう。

1) a) (**Vivir**　　　　　　　) quince años en esa ciudad.
      私はその町に15年住んだ。

   b) Antes (**vivir**　　　　　) en esa ciudad.
      私は以前その町に住んでいた。

2) a) Le (**gustar**　　　　　) mucho esa novela.
      彼女はその小説がとても気に入った。

   b) De joven, le (**gustar**　　　　　) salir hasta tarde.
      彼女は若い頃遅くまで出かけるのが好きだった。

3) a) Ayer (**saber**　　　　　) la verdad.
      私たちは昨日本当のことを知った。

   b) No (**saber**　　　　　) la verdad.
      私たちは本当のことを知らなかった。

16

不定語・否定語

1 日本語に合うように、適切な不定語を枠内から選んで入れましょう。必要に応じて適切な形にしてください。

> **todo, casi, cada, poco, un poco, mismo, ambos, otro, mucho, cualquier, también**

1) En el sur llueve (　　　　　).　　　　　南部では雨がたくさん降る。

2) Aquí trabajan (　　　　　) personas.　　ここでは多くの人が働いている。

3) Hay (　　　　) gente en el parque.　　　公園には多くの人がいる。

4) Tengo (　　　　　) libros sobre este tema.　私はこのテーマに関する本を少し持っている。

5) Hay (　　　　) agua en el río.　　　　川にはほとんど水が流れていない。

6) Este reloj es (　　　　　) caro para mí.　この時計は私には少し高い。

7) Maite habla (　　　　) de coreano.　　マイテは韓国語を少し話す。

8) Mis padres se preocupan de (　　　　　).　私の両親は何事も心配する。

9) (　　　　　) estudian mucho.　　　　みんなよく勉強している。

10) Está aquí (　　　　) el día.　　　　彼女はここに一日中いる。

11) Está aquí (　　　　) los días.　　　彼女はここに毎日いる。

12) Voy a pedir (　　　　) copa de vino.　ワインをもう1杯頼もう。

13) Ya no está en esta casa. Ahora vive en (　　　　　).
　　　　　　　　　　　　　　　　　彼はもうこの家にはいない。他の家に住んでいる。

14) Juego en el (　　　　　) equipo que José.　私はホセと同じチームでプレーしている。

15) Quiero escuchar a (　　　　) partes.　私は両者の意見を聞きたい。

16) (　　　　) uno tiene que pagar lo suyo.　めいめいが自分の分を支払わなければなりません。

17) (　　　　) día repasamos lo aprendido.　私たちは毎日覚えたことを復習します。

18) Alicia va al *camping* y Dolores (　　　　).　アリシアはキャンプに行く、そしてドロレスもだ。

19) Ya estoy (　　　　) bien.　　　　もうほとんど良くなったよ。

20) Puedes preguntarme (　　　　　) cosa.　どんなことでも質問していいよ。

2 日本語に合うように、適切な否定語を枠内から選んで入れましょう。必要に応じて適切な形にしてください。

> **nada, ninguno, nadie, nunca, tampoco, ni**

1) Ana no tiene coche (　　　　) moto.
　アナは車もバイクも持っていない。

2) (　　　　) de mis amigos conoce ese lugar.
　私の友人の中でその場所に行ったことがある人は誰もいない。

3) Mis padres no me dicen (　　　　　).
両親は私に何も言わない。

4) Hoy María no puede venir y Carmen (　　　　　).
今日マリアは来られないし、カルメンもだ。

5) Matilde no me miente (　　　　　).
マティルデは私に決して嘘をつかない。

6) (　　　　　) Tomás (　　　　　) Guillermo han venido todavía.
トマスもギジェルモもまだ来ていない。

7) En esta calle no hay (　　　　　) panadería.
この通りにはパン屋が1軒もない。

8) No saben (　　　　　) de mi enfermedad.
彼らは私の病気のことを何も知らない。

9) No hay (　　　　　) en el aula.
教室には誰もいない。

10) Esto no tiene (　　　　　) sentido.
これには何の意味もない。

❸ 日本語に合うように、適切な不定語または否定語を入れましょう。

1) ¿Has leído (　　　　　) de sus novelas? — No, no he leído (　　　　　).
彼の小説のうちのどれかを読んだことがある？—いや、1冊もない。

2) ¿Hay bares por ahí? — Sí, hay (　　　　　).
その辺りにバルはある？—ええ、たくさん。

3) ¿Sabes (　　　　　) palabras en árabe? — No, no sé (　　　　　).
アラビア語の単語をいくつか知っていますか？—いいえ、1つも知りません。

4) ¿Hay un cajero automático por aquí? — No, no hay (　　　　　).
この辺にATMはある？—いや、1つもないよ。

5) ¿(　　　　　) de tus compañeros sabe conducir? — No, (　　　　　) sabe conducir.
君の仲間のうち誰か運転できる？—いや、誰も運転できないよ。

6) ¿Compraste (　　　　　)? — No, no compré (　　　　　).
何か買ったの？—いや、何も買わなかった。

7) ¿Tiene (　　　　　) problema? — No, no tengo (　　　　　) problema.
何か問題はありますか？—いいえ、何の問題もありません。

8) ¿Te gusta este diseño? — No. ¿Y a ti? — A mí (　　　　　).
このデザインは好き？—いや。君は？—私も。

9) ¿Hay (　　　　　) posibilidad? — No, hay (　　　　　) posibilidad.
可能性は高いですか？—いいえ、ほとんどありません。

10) ¿Has visto a (　　　　　)? — No, no he visto a (　　　　　).
誰かに会ったの？—いや、誰にも会っていないよ。

17

ser 受身

1 カッコ内の不定詞を適切な過去分詞にして、受身の文にしましょう。

1) Este actor es muy (**conocer**   ) en Japón.
この俳優は日本でとてもよく知られている。

2) Esta opinión es (**compartir**   ) por todos los miembros.
この意見はメンバー全員に共有されている。

3) Este mes su primera novela ha sido (**publicar**   ) por esta editorial.
今月彼の初めての小説がこの出版社から出版された。

4) El problema todavía no ha sido (**solucionar**   ).
問題はまだ解決されていません。

5) Todos sus libros han sido (**traducir**   ) al japonés.
彼女の本はすべて日本語に翻訳された。

6) El ascensor ha sido (**reparar**   ) esta tarde.
エレベーターは今日の午後修理された。

7) El acueducto de Segovia fue (**construir**   ) por los romanos.
セゴビアの水道橋はローマ人によって造られた。

8) Los heridos fueron (**trasladar**   ) al hospital.
負傷者は病院に運ばれた。

9) Ella fue (**nombrar**   ) rectora de la universidad.
彼女は学長に任命された。

10) El señor Gómez fue (**elegir**   ) nuevo presidente de este club.
ゴメス氏がこのクラブの新しい会長に選ばれた。

2 次の能動文が **ser** を用いた受身の文になるように、カッコ内に適切な過去分詞を入れましょう。

1) La profesora ha corregido los exámenes.
先生は試験を採点した。
→ Los exámenes han sido (   ) por la profesora.

2) La guerra destruyó la ciudad.
戦争は町を破壊した。
→ La ciudad fue (   ) por la guerra.

3) La policía detuvo al ladrón.
警察は泥棒を逮捕した。
→ El ladrón fue (   ) por la policía.

4）Unos vecinos salvaron del incendio a los niños.

隣人がその子供たちを火事から救出した。

→ Los niños fueron （　　　　　　　　） del incendio por unos vecinos.

5）Un periodista inglés escribió este libro.

あるイギリス人ジャーナリストがこの本を書いた。

→ Este libro fue （　　　　　　　） por un periodista inglés.

6）El gobierno aceptó las propuestas.

政府はそれらの提案を受け入れた。

→ Las propuestas fueron （　　　　　　　） por el gobierno.

7）Mi hermana ha preparado la cena.

姉は夕食を用意した。

→ La cena ha sido （　　　　　　） por mi hermana.

8）Todos respetan al alcalde.

皆が市長を尊敬している。

→ El alcalde es （　　　　　） por todos.

9）El ejército ha ocupado los edificios.

軍隊がそれらの建物を占拠した。

→ Los edificios han sido （ocupar　　　　　　） por el ejército.

10）El técnico arregló el ordenador.

技術者がコンピューターを修理した。

→ El ordenador fue （　　　　　　） por el técnico.

❸ 次の受身の文を能動文に書き換えましょう。

1）El documento fue firmado por la presidenta.

その書類は社長によって署名された。

→

2）Los invitados fueron recibidos por el embajador.

招待客は大使によって迎えられた。

→

3）El proyecto de presupuesto fue rechazado por el comité.

予算案は委員会で否決された。

→

4）Esta cueva fue descubierta por un niño.

この洞窟はある子供によって発見された。

→

5）Esta compañía fue fundada por mi tía.

この会社は私のおばによって設立された。

→

39

18

再帰受身

1 カッコ内の不定詞を指示された時制で活用させ、**se** を用いた受身の文にしましょう。

1) Se (**hablar** 現在 　　　　　　　　) varios idiomas en ese país.
   その国では複数の言語が話されている。

2) Se (**solucionar** 現在完了 　　　　　　　　) todos los problemas.
   問題はすべて解決された。

3) Se (**ver** 線過去 　　　　　　　　) muchas estrellas desde la terraza.
   テラスからはたくさんの星が見えた。

4) Esas novelas se (**escribir** 点過去 　　　　　　　　) en el siglo XIX.
   それらの小説は19世紀に書かれた。

5) Se (**producir** 現在 　　　　　　　　) mucho vino en esa región.
   その地方ではワインがたくさん生産される。

6) Los cómics japoneses se (**leer** 現在 　　　　　　　　) en todo el mundo.
   日本のマンガは世界中で読まれている。

7) Entre los alumnos se (**usar** 現在 　　　　　　　　) mucho este diccionario.
   生徒たちの間ではこの辞書がよく使われている。

8) Se (**construir** 点過去 　　　　　　　　) un puente que comunica la ciudad con la isla.
   町と島を結ぶ橋が建設された。

9) Todavía no se (**tomar** 現在完了 　　　　　　　　) ninguna decisión.
   まだ何の決定もなされていない。

10) No se (**discutir** 点過去 　　　　　　　　) esos temas.
   それらのテーマは議論されなかった。

2 次の能動文が **se** を用いた受身の文になるように、カッコ内に適切な動詞を入れましょう。

> **例)** En España beben mucho vino.　スペインではワインをたくさん飲む。
> → En España se (*bebe*) mucho vino.　スペインではワインがたくさん飲まれる。

1) En 2021 celebraron los Juegos Olímpicos y Paralímpicos en Japón.
   2021年に日本でオリンピック・パラリンピックが開催された。
   → En 2021 se (　　　　　　　　) los Juegos Olímpicos y Paralímpicos en Japón.

2) Ellos compran ropa en internet.
   彼らはインターネットで服を買う。
   → Se (　　　　　　) ropa en internet.

3) Necesitamos dos ayudantes.
   私たちは助手が2人必要だ。
   → Se (　　　　　) dos ayudantes.

40

4) Ellos venden frutas en el mercado.

彼らは市場で果物を売っている。

→ Se（　　　　　　　　）frutas en el mercado.

5) La cocinera ha preparado muchos platos para el evento.

料理人はイベントのために多くの料理を準備した。

→ Se（　　　　　　　　）muchos platos para el evento.

6) Aprobaron dos nuevos proyectos.

新しいプロジェクトが2つ承認された。

→ Se（　　　　　　　　）dos nuevos proyectos.

7) Antes usábamos más el teléfono fijo.

以前は固定電話をもっと使っていた。

→ Antes se（　　　　　　　　）más el teléfono fijo.

8) Analizaron detalladamente los resultados de las elecciones.

選挙結果が詳しく分析された。

→ Se（　　　　　　　　）detalladamente los resultados de las elecciones.

9) Esta empresa construyó tres nuevas plantas en la región.

この会社はその地方に新しい工場を3つ建設した。

→ Se（　　　　　　　　）tres nuevas plantas en la región.

10) En Argentina comen mucha carne.

アルゼンチンでは肉をたくさん食べる。

→ En Argentina se（　　　　　　　　）mucha carne.

3 次の受身の文を、カッコ内の主語を用いて能動文に書き換えましょう。

1) Se encendieron todas las luces. （la encargada）

明かりが全部点けられた。

→

2) En esta zona se produce más maíz que antes. （ellos）

この地域では以前よりトウモロコシがたくさん栽培されている。

→

3) Se alquilan habitaciones. （mis abuelos）

部屋が貸し出されている。

→

4) Se ha rechazado la oferta. （Jaime）

申し出が拒否された。

→

5) El cajón siempre se cerraba con llave. （la directora）

その引き出しはいつも鍵がかけられていた。

→

19

不定人称文

1 日本語に合うように、カッコ内の不定詞を指示された時制で活用させましょう。

1) ¿Se (**poder** 現在　　　　　　　　　)? — Adelante.
   入っていいですか？―どうぞ。

2) Esta tarde se (**detener** 現在完了　　　　　　　　　) a dos chicos en el aeropuerto.
   今日の午後2人の若者が空港で逮捕された。

3) En esta tienda me (**atender** 現在完了　　　　　　　　) muy bien.
   このお店ではとてもいい対応をしてもらった。

4) Antes se (**respetar** 線過去　　　　　　　　　) a los políticos, pero ahora no.
   以前は政治家が尊敬されたものですが、今はそうではありません。

5) ¿Por qué te fuiste de esta empresa? — Porque me (**pagar** 線過去　　　　　　　　　)
   muy mal.
   どうしてこの会社を辞めたんだい？―給料がとても少なかったんだ。

6) Entre los jóvenes se (**hablar** 現在　　　　　　　　) mucho de la letra de esta canción.
   若者の間でこの歌の歌詞が話題になっている。

7) (**Llamar** 現在　　　　　　　　) a la puerta. — Ah, será Daniel. Decía que vendría
   hoy.
   誰かノックしているよ。―ああ、ダニエルでしょう。今日来るって言ってたから。

8) Por esta calle se (**llegar** 現在　　　　　　　) antes a la estación.
   この通りを行く方が早く駅に着けます。

9) Me (**suspender** 点過去　　　　　　　　) en tres asignaturas.
   私は3科目で落とされてしまった。

10) Antes se (**ver** 線過去　　　　　　　) a muchos grupos haciendo *camping* aquí.
    以前は多くのグループがここでキャンプをしているのが見られたものだ。

11) En la sala 1 (**estar** 現在　　　　　　　　) echando la nueva película de esta directora.
    スクリーン1ではこの監督の新しい映画を上映している（ところだ）。

12) (**Decir** 現在　　　　　　　　) que está acercándose un tifón.
    台風が近づいているそうだ。

13) ¿Cuántas horas se (**tardar** 現在　　　　　　　) desde Tokio a Osaka?
    — Se (**tardar** 現在　　　　　　　) unas tres horas en *Shinkansen*.
    東京から大阪まで何時間かかりますか？―新幹線で3時間ほどです。

14) No se (**deber** 現在　　　　　　　) tratar a las mascotas así.
    ペットをそんな風に扱うべきではない。

15) ¿Por qué no vamos al restaurante italiano? Dicen que se (**comer** 現在　　　　　　　)
    muy bien.
    そのイタリアンレストランに行ってみない？とてもおいしいって話だよ。

2 日本語に合うように、カッコ内の選択肢から正しいものを選びましょう。

1) ¿Aquí (se puede / pueden) pagar con dinero electrónico?
   ここでは電子マネーで支払いができますか？

2) (Se le dio / Le dieron) el primer premio a Jaime.
   ハイメは1等賞をもらった。

3) A la víctima (se llevó / la llevaron) al hospital.
   被害者は病院に運ばれた。

4) En este país (se trata / se tratan) bien a los turistas.
   この国は観光客に親切です。

5) Jorge, ¡(se te llama / te llaman)!
   ホルヘ、君に電話だよ！

6) Antes (se cocinaba / cocinaban) más en casa.
   以前はみんなもっと家で料理をしたものだ。

7) A mi hermana (se le robó / le robaron) el teléfono inteligente.
   私の妹はスマホを盗まれた。

8) (Se nos ha regalado / Nos han regalado) una bicicleta.
   私たちは自転車をプレゼントされた。

9) ¿Por dónde (van / se va) a este hotel?
   このホテルにはどうやって行きますか？

10) (Se criticó / Se criticaron) mucho al jugador en las redes.
   その選手はネットで強い批判を受けた。

無主語文

1 日本語に合うように、カッコ内の不定詞を指示された時制で活用させましょう。

1) ¿Qué hora (**ser** 現在   )? — (**Ser** 現在   ) las tres y cuarto.
   何時ですか？―3時15分です。

2) (**Ser** 現在   ) la una en punto.
   1時ちょうどです。

3) Cuando sonó el teléfono, (**ser** 線過去   ) las once de la noche.
   電話が鳴ったとき、夜の11時でした。

4) Antes (**haber** 線過去   ) una parada de autobús aquí.
   以前はここにバス停があった。

5) (**Hacer** 現在   ) cinco meses que estudiamos español.
   私たちはスペイン語を勉強して5ヶ月になります。

6) ¿Cuánto tiempo (**hacer** 現在   ) que vivís en Osaka?
   君たちは大阪に住んでどれくらいになるの？

7) Paula se casó (**hacer** 現在   ) seis años.
   パウラは6年前に結婚しました。

8) Nos conocemos desde (**hacer** 現在   ) cuatro años.
   私たちは4年前からの知り合いです。

9) El avión salió (**hacer** 現在   ) dos horas.
   飛行機は2時間前に出発しました。

10) (**Llover** 現在   ) mucho, ¿verdad?
    よく雨が降るね。

11) Cuando me levanté, (**llover** 線過去   ) mucho.
    私が起きたとき、雨がたくさん降っていた。

12) No (**llover** 点過去   ) ayer.
    昨日は雨が降らなかった。

13) En esta región (**nevar** 現在   ) poco.
    この地域は雪がほとんど降りません。

14) ¿Cuándo fue la última vez que (**nevar** 点過去   ) en Madrid?
    一番最近マドリードで雪が降ったのはいつでしたか？

15) Ya (**ser** 線過去   ) de noche cuando salimos de la cafetería.
    私たちがカフェテリアを出たときには、もう夜だった。

16) Hoy (**estar** 現在   ) un poco nublado.
    今日は少し曇っている。

17）Hoy（**hacer** 現在 ） más frío que ayer.

今日は昨日よりも寒い。

18）El verano pasado（**hacer** 点過去 ） mucho calor.

昨年の夏はとても暑かった。

19）（**Ir** 現在 ） a llover esta noche.

今晩雨が降るでしょう。

20）Antes de comer（**haber** 現在 ） que lavarse las manos.

食べる前には手を洗わなければならない。

2 日本語に合うように、枠内から動詞を選び、適切な時制に活用させてカッコ内に入れましょう。

> **estar, hacer, haber, ir, ser**

1）Ya（ ） tarde. Tengo que volver a casa.

もう遅い。家に帰らなくちゃ。

2）No（ ） nadie en la plaza.

広場には誰もいない。

3）Ayer（ ） mucho viento.

昨日は風がとても強かった。

4）¿Qué tiempo（ ） a hacer este fin de semana?

週末はどんな天気でしょう？

5）Si（ ） despejado, podremos ver las estrellas.

もし晴れていれば、星を見ることができるでしょう。

21 現在分詞

❶ 次の動詞（＋代名詞）を現在分詞（＋代名詞）にしましょう。

1) ver	(	)	11) hacer	(	)
2) hablar	(	)	12) reír	(	)
3) tener	(	)	13) escribir	(	)
4) ser	(	)	14) mirar	(	)
5) volver	(	)	15) beber	(	)
6) venir	(	)	16) oírlo	(	)
7) pensar	(	)	17) pedirle	(	)
8) ir	(	)	18) esperarnos	(	)
9) leer	(	)	19) contármela	(	)
10) vivir	(	)	20) decírselo	(	)

❷ 次の現在分詞（＋代名詞）を不定詞（＋代名詞）にしましょう。

1) saliendo	(	)	11) poniéndose	(	)
2) muriendo	(	)	12) levantándote	(	)
3) charlando	(	)	13) apoyándose	(	)
4) sonriendo	(	)	14) preguntándonos	(	)
5) gritando	(	)	15) oyéndote	(	)
6) siguiendo	(	)	16) escuchándola	(	)
7) jugando	(	)	17) yéndose	(	)
8) huyendo	(	)	18) quitándomelo	(	)
9) repitiendo	(	)	19) dándoselas	(	)
10) durmiendo	(	)	20) mostrándoselo	(	)

❸ 例にならって、指示された時制で現在分詞を用いた動詞句を作りましょう。

例) Estar *comer*. 彼は食べている。 （*él*, 現在）→ *Está comiendo.*

1) Estar *llover*. 雨が降っている。（現在）

 →

2) Estar *hablar* por teléfono. 私は電話で話していた。（*yo*, 線過去）

 →

3) Estar *esperarla* dos horas. 私たちは彼女を2時間待っていた。（*nosotros*, 点過去）

 →

4) Seguir *ser* puntuales. 彼らは時間に正確であり続けている。（*ellos*, 現在）

 →

5) <u>Estar</u> *dormir*. 彼女は眠っていた。(*ella*, 線過去)

   →

6) <u>Ir</u> *crecer*. 彼は成長していく。(*él*, 現在)

   →

7) <u>Seguir</u> *nevar* una hora más. さらに1時間雪が降り続けた。(点過去)

   →

8) <u>Llevar</u> *preparar* la fiesta desde el mes pasado. 君たちは先月からパーティーの準備をし続けている。(*vosotros*, 現在)

   →

9) <u>Estar</u> *pensar*. 君たちは考えていた。(*vosotros*, 線過去)

   →

10) <u>Estar</u> *observar* la situación. 私たちは状況を観察している。(*nosotros*, 現在)

   →

11) <u>Continuar</u> *discutir*. 彼らは口論し続けた。　(*ellos*, 現在完了)

   →

12) <u>Venir</u> *decirles* lo mismo. 私は彼らに同じことを言って来ている。(*yo*, 現在)

   →

13) <u>Estar</u> *buscarlo*. 私は彼を探していた。(*yo*, 現在完了)

   →

14) <u>Andar</u> *hablar* mal de su empresa. 彼は会社の悪口を言いふらしている。(*él*, 現在)

   →

15) <u>Ir</u> *mejorarse*. 彼女は回復していっていた。(*ella*, 線過去)

   →

47

22

直説法過去完了

❶ 次の動詞をカッコ内の人称に合わせて直説法過去完了形に活用させましょう。

1) trabajar (2単)　(　　　　　　　)　11) ser (1単)　　(　　　　　　　)
2) poder (3複)　(　　　　　　　)　12) hacer (2単)　(　　　　　　　)
3) poner (1複)　(　　　　　　　)　13) decir (2複)　(　　　　　　　)
4) salir (3単)　(　　　　　　　)　14) leer (1複)　(　　　　　　　)
5) volver (1単)　(　　　　　　　)　15) morir (3単)　(　　　　　　　)
6) perder (2単)　(　　　　　　　)　16) abrir (1複)　(　　　　　　　)
7) ver (3複)　(　　　　　　　)　17) subir (2複)　(　　　　　　　)
8) oír (1単)　(　　　　　　　)　18) acostarse (1単)　(　　　　　　　)
9) dar (3複)　(　　　　　　　)　19) casarse (2単)　(　　　　　　　)
10) pedir (1複)　(　　　　　　　)　20) quitarse (2複)　(　　　　　　　)

❷ 日本語に合うように、カッコ内の不定詞を直説法過去完了形に活用させましょう。

1) Cuando puse la televisión, ya (**terminar**　　　　　　　) la ceremonia.
　　私がテレビをつけたときにはもう式典は終わっていた。

2) Hasta entonces no (**trabajar**　　　　　　　) juntos.
　　その時まで私たちは一緒に働いたことがなかった。

3) Cuando llegué a casa, mis padres todavía no (**volver**　　　　　　　).
　　私が家に着いたとき、両親はまだ戻っていなかった。

4) Mi madre me preguntó si ya (**hacer**　　　　　　　) los deberes.
　　母は私に宿題をもうしたかと聞いた。

5) Nosotros lo (**oír**　　　　　　　) una vez.
　　私たちはそれを1度聞いたことがあった。

6) Hasta ese año no (**estar**, *tú*　　　　　　　) en Europa, ¿verdad?
　　その年まで君はヨーロッパには行ったことがなかったのですよね？

7) Cuando os llamé para decíroslo, ya (**abrir**　　　　　　　) el paquete.
　　それを言おうと電話したとき、君たちはもう小包を開けてしまっていた。

8) Hasta que entré en la universidad nunca (**vivir**　　　　　　　) solo.
　　大学に入るまで私は一人暮らしをしたことがなかった。

9) Cuando recibí tu mensaje, ya se lo (**decir**　　　　　　　).
　　君からのメッセージを受け取ったときには、もう私は彼女にそのことを言ってしまっていた。

10) Cuando salimos de la estación, todavía no (**empezar**　　　　　　　) a llover.
　　私たちが駅から出たとき、まだ雨は降り始めていなかった。

3 例にならって、直説法過去完了形の文になるように、カッコ内に適切な語を入れましょう。

例) Yo (**comer**lo). → Yo (*lo*) (*había*) (*comido*). 私はそれを食べたことがあった。

1) Hasta entonces nosotros no (**ver**se) allí, ¿verdad?

→ Hasta entonces nosotros no (　　　　　) (　　　　　) (　　　　　) allí, ¿verdad?

私たちはその時までそこでお会いしたことはなかったですよね？

2) Cuando llegó al hospital, su padre ya (**morir**se).

→ Cuando llegó al hospital, su padre ya (　　　　　) (　　　　　) (　　　　　).

彼が病院に着いたとき、お父さんはもう亡くなっていた。

3) Encontré el pendiente que (**perdér**seme) en el jardín.

→ Encontré el pendiente que (　　　　　) (　　　　　) (　　　　　) (　　　　　) en el jardín.

庭でなくしたピアスの片方が見つかった。

4) Ellos nunca (**hacer**lo) solos.

→ Ellos nunca (　　　　　) (　　　　　) (　　　　　) solos.

彼らは自分たちだけでそれをやったことがなかった。

5) No pudimos abrir el archivo porque (**olvidár**senos) la clave.

→ No pudimos abrir el archivo porque (　　　　　) (　　　　　) (　　　　　) (　　　　　) la clave.

私たちはパスワードを忘れてしまっていて、ファイルを開けることができなかった。

6) Creí que vosotras (**equivocar**se) de tren.

→ Creí que vosotras (　　　　　) (　　　　　) (　　　　　) de tren.

私は君たちが電車を乗り間違えたのだと思った。

7) Yo no (**poner**se) tan nerviosa en clase.

→ Yo no (　　　　　) (　　　　　) (　　　　　) tan nerviosa en clase.

私は授業中にそんなに緊張したことはなかった。

8) Rubén (**decír**melo) alguna vez.

→ Rubén (　　　　　) (　　　　　) (　　　　　) (　　　　　) alguna vez.

ルベンはかつて私にそれを言ったことがあった。

9) Cuando nació José Luis, sus padres todavía no (**casar**se).

→ Cuando nació José Luis, sus padres todavía no (　　　　　) (　　　　　) (　　　　　).

ホセ・ルイスが生まれたとき、彼の両親はまだ結婚していなかった。

10) Me preguntaron si (**ocurrír**seme) una idea.

→ Me preguntaron si (　　　　　) (　　　　　) (　　　　　) (　　　　　) una idea.

私はアイデアが浮かんだかと聞かれた。

49

23

関係詞（que, 定冠詞＋que）

❶ 例にならって、2つの文を関係詞の que または定冠詞＋que を用いて1文にしましょう。

例) Tengo <u>una amiga colombiana</u>. + <u>Ella</u> habla japonés perfectamente.
→ Tengo una amiga colombiana (*que habla japonés perfectamente*).
私には完璧に日本語を話せるコロンビア人の友人がいます。

1) Compramos <u>una casa</u>. + <u>La casa</u> tiene un jardín muy grande.
→ Compramos una casa (　　　　　　　　　　　　　　).
私たちはとても大きな庭のある家を買いました。

2) ¿Ya has leído <u>el libro</u>? + Te <u>lo</u> dejé la semana pasada.
→ ¿Ya has leído el libro (　　　　　　　　　　　　　　)?
先週貸した本もう読んだ？

3) <u>Los chicos</u> son José y Fernando. + Estuve el domingo con <u>ellos</u>.
→ Los chicos (　　　　　　　　　　　　　　) son José y Fernando.
日曜日に一緒にいた男の子たちはホセとフェルナンドです。

4) Ayer pasé por <u>un pueblo</u>. + <u>El pueblo</u> era muy hermoso.
→ El pueblo (　　　　　　　　　　　　　　) era muy hermoso.
昨日通った村はとても美しかった。

5) ¿Quién es <u>la chica</u>? + Fuiste al concierto con <u>ella</u>.
→ ¿Quién es la chica (　　　　　　　　　　　　　　)?
君が一緒にコンサートに行った女の子は誰なの？

6) Me gusta mucho <u>este reloj</u>. + Me <u>lo</u> regaló Laura.
→ Me gusta mucho este reloj (　　　　　　　　　　　　　　).
ラウラがプレゼントしてくれたこの時計を私はとても気に入っている。

7) Mariano está orgulloso de <u>su trabajo</u>. + Todos <u>lo</u> consideran como una obra maestra.
→ Mariano está orgulloso de su trabajo (　　　　　　　　　　　　　　).
マリアノはみんなが傑作だと考えている自分の作品のことを誇りに思っている。

8) <u>El hotel</u> estaba muy cerca del aeropuerto. + Me alojé <u>allí</u>.
→ El hotel (　　　　　　　　　　　　　　) estaba muy cerca del aeropuerto.
私が泊まったホテルは空港にとても近かった。

9) A la reunión asistió <u>una mexicana</u>. + <u>A ella</u> <u>la</u> contrataron para el nuevo proyecto.
→ A la reunión asistió una mexicana (　　　　　　　　　　　　　　).
会議には新プロジェクトのために契約されたメキシコ人が出席した。

10) He visto su nueva película. + Me hablaste de esa película el otro día.

→ He visto su nueva película (   ).

この間君が話してくれた彼女の新しい映画を見たよ。

2 日本語に合うように、カッコ内に適切な語句を入れましょう（1語とは限りません）。

1) El libro (   ) estoy leyendo es muy difícil.
私が今読んでいる本はとても難しい。

2) La película (   ) vimos anoche fue muy divertida.
昨夜見た映画はとても面白かった。

3) La chica (   ) salía Alfonso era de Paraguay.　［salir con...］
アルフォンソが付き合っていた女の子はパラグアイの出身だった。

4) Este es el hospital (   ) trabaja mi hermana.　［trabajar en...］
これは私の姉が働いている病院です。

5) ¿Quién es (   ) está bailando con Armando?
アルマンドと一緒に踊っている女の人は誰？

6) Te he traído la novela (   ) te hablé ayer.　［hablar de...］
昨日話した小説を持ってきたよ。

7) El señor (   ) conocí en la fiesta habla japonés muy bien.
パーティーで知り合った男性は日本語をとても上手に話す。

8) Muchos de los profesores (   ) enseñan aquí tienen mucha experiencia.
ここで教えている先生の多くは経験豊富です。

9) ¿Qué zapatos te gustan más? — (   ) están ahí, al lado de las botas marrones.
どの靴が一番好き？―あそこの、茶色のブーツの横にあるやつ。

10) ¿Entiendes (   ) dicen ellos?
彼らの言っていること分かる？

24

比 較

1 日本語に合うように、カッコ内に適切な語を1つ入れましょう。

1) Hoy hace (　　　　　) calor (　　　　　) ayer.
   今日は昨日より暑い。

2) Ella habla japonés (　　　　　) bien (　　　　　) usted.
   彼女はあなたと同じくらい日本語が上手です。

3) Me gusta (　　　　　) viajar en tren (　　　　　) en avión.
   私は飛行機より電車で移動するほうが好きだ。

4) Mi mujer conduce (　　　　　) (　　　　　) yo.
   妻は私よりも運転がうまい。

5) Este restaurante es (　　　　　) caro (　　　　　) el de anoche.
   このレストランは昨晩のお店ほど高くない。

6) Los exámenes no fueron (　　　　　) difíciles (　　　　　) la última vez.
   試験は前回ほど難しくなかった。

7) En esta zona no hay (　　　　　) edificios (　　　　　) en el centro.
   この地区には中心街ほど多くの建物がない。

8) Últimamente leo (　　　　　) (　　　　　) antes.
   最近私は以前ほど本を読まない。

9) Hoy hay (　　　　　) tráfico (　　　　　) ayer.
   今日は昨日より交通量が少ない。

10) Santiago es dos años (　　　　　) (　　　　　) yo.
   サンティアゴは私より2歳年上だ。

11) La conferencia de hoy no me ha gustado (　　　　　) (　　　　　) la del otro día.
   今日の講演は先日のほどよくなかった。

12) El plato me salió (　　　　　) (　　　　　) la última vez.
   料理は前回よりもよくない出来だった。

13) No tengo (　　　　　) experiencia (　　　　　) ellos.
   私は彼らほど経験豊富ではない。

14) La población de Perú es (　　　　　) (　　　　　) la de México.
   ペルーの人口はメキシコの人口よりも少ない。

15) Esta bolsa es (　　　　　) pequeña (　　　　　) esa.
   このかばんはそれよりも小さい。

2 日本語に合うように、カッコ内に適切な語を1つ入れましょう。

1) Esta es (　　　　　　) canción (　　　　　　) conocida (　　　　　　) esa banda.
これはそのバンドで一番知られていない曲だ。

2) Sara es (　　　　　　) jugadora (　　　　　　) famosa (　　　　　　) equipo.
サラはチームで一番有名な選手だ。

3) ¿Cuál es (　　　　　　) ciudad (　　　　　　) grande (　　　　　　) su país?
あなたの国で一番大きい都市はどこですか？

4) (　　　　　　) todos los empleados de la compañía, Guillermo es (　　　　　　)
(　　　　　　) trabajador.
会社の従業員の中で、ギジェルモが一番仕事熱心だ。

5) Esta es (　　　　　　) (　　　　　　) película (　　　　　　) la última década.
これはこの10年間で一番いい映画だ。

6) Diana es (　　　　　　) (　　　　　　) (　　　　　　) la familia.
ディアナは家族で一番年下だ。

7) Me ha tocado (　　　　　　) pregunta (　　　　　　) difícil (　　　　　　) todas.
私には一番難しくない問題が当たった。

8) Ayer fue (　　　　　　) día (　　　　　　) frío (　　　　　　) este invierno.
昨日はこの冬一番の寒さだった。

9) Belén es (　　　　　　) que canta (　　　　　　) (　　　　　　) grupo.
ベレンはそのグループで一番歌がうまい。

10) La profesora Vidal es (　　　　　　) que sabe (　　　　　　) de Historia Oriental.
ビダル先生は東洋史について一番よく知っている人だ。

11) Raúl es (　　　　　　) alumno (　　　　　　) (　　　　　　) estudia (　　　　　　) la
clase.
ラウルはクラスで一番勉強しない生徒だ。

12) En esta sucursal Paula es (　　　　　　) que cobra (　　　　　　).
この支店ではパウラが一番給料がいい。

13) Sergio es (　　　　　　) chico que (　　　　　　) habló (　　　　　　)
todos los asistentes.
セルヒオは出席者全員の中で一番口数が少なかった。

14) Gloria es una de (　　　　　　) personas (　　　　　　) (　　　　　　) me apoyaron.
グロリアは私を一番支えてくれた人たちのうちの一人だ。

15) (　　　　　　) tema que (　　　　　　) me interesa es la política internacional.
私が一番興味のあるテーマは国際政治だ。

3 例にならって、2者を比較した文を作り、日本語にしましょう。

> 例) José es alto. (> Antonio) → *José es más alto que Antonio.*
> ホセはアントニオよりも背が高い。
>
> José es alto. (< Antonio) → *José es menos alto que Antonio.*
> ホセはアントニオよりも背が高くない。
>
> José es alto. (= Antonio) → *José es tan alto como Antonio.*
> ホセはアントニオと同じくらい背が高い。
>
> José es alto. (≠ Antonio) → *José no es tan alto como Antonio.*
> ホセはアントニオほど背が高くない。

1) El fútbol es popular en este país.　(= el béisbol)
→

2) Había mucha gente en la plaza.　(< en el parque)
→

3) Este bolígrafo escribe bien.　(> ese)
→

4) Creo que el español es difícil para los japoneses.　(> el coreano)
→

5) Trabajo mucho.　(≠ Carmen)
→

6) Juan es joven.　(≠ vosotros)
→

7) Estas zapatillas son buenas.　(> las anteriores)
→

8) Mi marido canta mal.　(> yo)
→

9) Daniel estudia mucho.　(< su hermano)
→

10) Nuestros hijos leen mucho.　(= nosotros)
→

54

4 例にならって、最上級の文を作り、日本語にしましょう。

> 例）形 José es alto.〔de la clase〕 → *José es el más alto de la clase.*
> ホセはクラスの中で一番背が高い。
>
> 副 José corre rápido.〔de la clase〕 → *José es el que corre más rápido de la clase.*
> ホセはクラスの中で一番走るのが速い。

1）Las notas de Concha han sido buenas.〔de la clase〕
　→

2）Manolo se levanta temprano.〔de la residencia〕
　→

3）Mi abuela era trabajadora.〔del pueblo〕
　→

4）Carlos es sociable.〔de todos sus hermanos〕
　→

5）Ana habló claramente.〔de los participantes〕
　→

6）Estos pintores son conocidos.〔del país〕
　→

7）David habla poco.〔de todos sus amigos〕
　→

8）Este edificio es antiguo.〔de la ciudad〕
　→

9）Esta empresa paga bien.〔del sector〕
　→

10）Bea y Marta van mucho al cine.〔de nuestro grupo〕
　→

25

直説法未来

1 次の動詞をカッコ内の人称に合わせて未来形に活用させましょう。

1) estar（1単）　（　　　　　　　）　　11) contar（2単）　（　　　　　　　）
2) leer（2複）　（　　　　　　　）　　12) ser（1複）　（　　　　　　　）
3) partir（3単）　（　　　　　　　）　　13) volver（1単）　（　　　　　　　）
4) llamar（3複）　（　　　　　　　）　　14) traer（2複）　（　　　　　　　）
5) tomar（1複）　（　　　　　　　）　　15) participar（3複）　（　　　　　　　）
6) aprender（2単）　（　　　　　　　）　　16) oír（2単）　（　　　　　　　）
7) abrir（2複）　（　　　　　　　）　　17) dormir（1単）　（　　　　　　　）
8) recibir（3単）　（　　　　　　　）　　18) levantarse（1複）　（　　　　　　　）
9) esperar（1複）　（　　　　　　　）　　19) irse（2単）　（　　　　　　　）
10) estudiar（3単）　（　　　　　　　）　　20) verse（2複）　（　　　　　　　）

2 日本語に合うように、カッコ内の不定詞を未来形に活用させましょう。

1) Este año (**participar**　　　　　　　　) en un curso de español en línea.
今年私はスペイン語のオンライン講座に参加します。

2) Este verano mis hijos (**aprender**　　　　　　　　) a nadar.
この夏私の息子たちは水泳を習う予定だ。

3) Os (**esperar**　　　　　　　　) a la salida.
私は君たちを出口で待っているよ。

4) Me lo (**contar**　　　　　　　　) mañana.
彼らは私にそれを明日話してくれるだろう。

5) El año que viene mi sobrino (**ser**　　　　　　　　) estudiante de esta universidad.
来年私の甥はこの大学の学生になります。

6) En las vacaciones (**leer**　　　　　　　　) esta novela.
私は休暇中にこの小説を読むつもりだ。

7) El encargado lo (**llamar**　　　　　　　　) mañana por la mañana.
明日の朝担当者があなたにお電話を差し上げます。

8) Este fin de semana (**ir**se　　　　　　　　) de esta ciudad.
今週末私たちはこの町を発ちます。

9) Mi familia (**volver**　　　　　　　　) del viaje pasado mañana.
私の家族はあさって旅行から戻ります。

10) Mañana (**levantar**se, *vosotros*　　　　　　　　) a las cinco, ¿vale?
明日君たちは5時に起きるのよ、分かった？

11) Dentro de una semana (**recibir**, *usted*　　　　　　　　) el resultado.
1週間後にあなたは結果を受け取るでしょう。

56

12) El próximo lunes (**estudiar**   ) en la biblioteca.

次の月曜日私たちは図書館で勉強します。

13) Mañana (**tomar**, *tú*   ) el primer tren, ¿no?

明日君は始発列車に乗るつもりなんだよね？

14) Nos (**traer**   ) el informe por la tarde.

彼らは私たちに午後に報告書を持ってきてくれるでしょう。

15) Dentro de tres horas (**estar**, *vosotros*   ) ya en Cuba.

3時間後にはもう君たちはキューバにいるでしょう。

③ 次の動詞をカッコ内の人称に合わせて未来形に活用させましょう。

1) poder (3単)	( )	11) valer (3複)	( )
2) tener (1複)	( )	12) poner (3単)	( )
3) salir (2単)	( )	13) decir (1単)	( )
4) poner (3複)	( )	14) poder (1複)	( )
5) saber (2複)	( )	15) tener (2単)	( )
6) hacer (1単)	( )	16) venir (2複)	( )
7) venir (3単)	( )	17) hacer (1複)	( )
8) decir (1複)	( )	18) haber (3単)	( )
9) querer (3複)	( )	19) querer (1単)	( )
10) caber (2単)	( )	20) salir (2複)	( )

④ 日本語に合うように、カッコ内の不定詞を未来形に活用させましょう。

1) ¿Cuántos habitantes (**haber**   ) en Europa?

ヨーロッパにはどのくらいの住民がいるだろうか？

2) ¿A qué hora (**salir**   ) el tren?

電車は何時に出るんだろう？

3) (**Tener**, *tú*   ) que ir a ver al profesor.

君は先生に会いに行かないといけないでしょう。

4) ¿(**Venir**   ) mañana tu madre?

君のお母さんは明日来るの？

5) ¿Cuántos años (**tener**   ) sus niños?

彼の子供たちは何歳だろう？

6) No (**haber**   ) taxis a estas horas.

この時間にはタクシーはいないだろう。

7) ¿Cuándo (**venir**, *vosotros*   ) a verme?

君たちはいつ会いに来てくれるんだい？

8) ¿Qué tiempo (**hacer**   ) mañana?

明日はどんな天気だろう？

9) Mi hija ya (**querer**   ) tener un móvil.

　娘はもう携帯電話を持ちたがるだろう。

10) No (**poder**, *nosotros*   ) salir hoy.

　今日私たちは外出できないだろう。

11) Os (**salir**   ) bien el concierto.

　君たちのコンサートはうまくいくだろう。

12) ¿Cuánto (**valer**   ) un billete de avión para París?

　パリまでの航空券はいくらだろう？

13) ¿Me (**decir**, *tú*   ) cuándo va a ser el evento?

　イベントがいつになるかを私に教えてくれる？

14) Ya todos (**saber**   ) la noticia.

　もうみんなそのニュースを知っているだろう。

15) Tus abuelos (**poner**se   ) muy contentos.

　君のおじいさん、おばあさんはとてもお喜びになるでしょうね。

5　次の動詞をカッコ内の人称に合わせて未来形に活用させましょう。

1) enviar（3単）　（　　　　　　　　）　　11) llevar（3単）　（　　　　　　　　）

2) escribir（1複）　（　　　　　　　　）　　12) hacer（3複）　（　　　　　　　　）

3) poder（1単）　（　　　　　　　　）　　13) entender（1複）　（　　　　　　　　）

4) venir（2複）　（　　　　　　　　）　　14) pensar（1単）　（　　　　　　　　）

5) perder（2単）　（　　　　　　　　）　　15) poner（2複）　（　　　　　　　　）

6) tener（3複）　（　　　　　　　　）　　16) quedar（2単）　（　　　　　　　　）

7) dar（2複）　（　　　　　　　　）　　17) decir（2複）　（　　　　　　　　）

8) explicar（1単）　（　　　　　　　　）　　18) salir（2単）　（　　　　　　　　）

9) saber（2単）　（　　　　　　　　）　　19) enseñar（3複）　（　　　　　　　　）

10) terminar（1複）　（　　　　　　　　）　　20) subir（1単）　（　　　　　　　　）

6　日本語に合うように、カッコ内の不定詞を未来形に活用させましょう。

1) (**Pensar**, *vosotros*   ) que tenemos la culpa.

　君たちは私たちが悪いと考えるでしょう。

2) ¿Le (**enviar**, *tú*   ) las fotos?

　君は彼女に写真を送るつもり？

3) Este semestre mis seminaristas (**escribir**   ) sus tesinas.

　今学期に私のゼミ生たちは卒業論文を書く予定だ。

4) El año que viene (**hacer**   ) un viaje a India.

　来年私はインドに旅行するつもりだ。

5) Con este libro (**entender**, *tú*   ) mejor el tema.

　この本を読めばテーマがよりよく理解できるでしょう。

6) El viernes te (**dar**, *yo*   ) una información más detallada.
金曜日には君にもっと詳細な情報を伝えられるでしょう。

7) ¿A la vuelta (**poder**, *tú*   ) pasar por mi casa?
帰りに私の家に寄ってもらえる？

8) Dicen que (**subir**   ) los precios.
物価が上がるという話だ。

9) (**Quedar**, *nosotros*   ) en la estación a las once.
11時に駅で待ち合わせよう。

10) ¿A qué hora (**terminar**   ) tu reunión?
君の会議は何時に終わる予定ですか？

11) La boda de la actriz (**tener**   ) lugar este fin de semana.
その俳優の結婚式は今週末に開催されます。

12) En la recepción te (**explicar**, *ellos*   ) dónde es la conferencia.
受付で講演の場所を説明してくれるでしょう。

13) ¿No (**salir**, *vosotros*   ) esta noche?
今夜君たちは出かけないの？

14) Raúl no (**saber**   ) conducir.
ラウルは運転できないでしょう。

15) Si no salimos de casa ahora mismo, (**perder**se   ) el partido.
今すぐ家を出ないと試合を見逃してしまうよ。

26 直説法未来完了

1 次の動詞をカッコ内の人称に合わせて未来完了形に活用させましょう。

1) empezar (1単)　（　　　　　　　　　　　　　　　　　　　）
2) venir (2単)　（　　　　　　　　　　　　　　　　　　　）
3) dejar (1単)　（　　　　　　　　　　　　　　　　　　　）
4) leer (3複)　（　　　　　　　　　　　　　　　　　　　）
5) decir (1複)　（　　　　　　　　　　　　　　　　　　　）
6) salir (3複)　（　　　　　　　　　　　　　　　　　　　）
7) ser (1単)　（　　　　　　　　　　　　　　　　　　　）
8) dormir (2単)　（　　　　　　　　　　　　　　　　　　　）
9) volver (3単)　（　　　　　　　　　　　　　　　　　　　）
10) conocer (3複)　（　　　　　　　　　　　　　　　　　　　）
11) hacer (2単)　（　　　　　　　　　　　　　　　　　　　）
12) ver (1複)　（　　　　　　　　　　　　　　　　　　　）
13) vender (2複)　（　　　　　　　　　　　　　　　　　　　）
14) comer (2単)　（　　　　　　　　　　　　　　　　　　　）
15) probar (3複)　（　　　　　　　　　　　　　　　　　　　）
16) escribir (1複)　（　　　　　　　　　　　　　　　　　　　）
17) preparar (2単)　（　　　　　　　　　　　　　　　　　　　）
18) traer (1複)　（　　　　　　　　　　　　　　　　　　　）
19) ducharse (2複)　（　　　　　　　　　　　　　　　　　　　）
20) quitarse (3単)　（　　　　　　　　　　　　　　　　　　　）

2 日本語に合うように、カッコ内の不定詞を未来完了形に活用させましょう。

1) A las siete (**llegar**　　　　　　　　　　) el tren.
　　7時には電車は到着しているだろう。

2) ¿Dónde (**aprender**　　　　　　　　　　) alemán?
　　彼らはどこでドイツ語を習ったんだろう？

3) Marcos tiene una cara de sueño. (**Acostar**se　　　　　　　　　　　) muy tarde.
　　マルコスは眠そうな顔をしている。とても遅くに寝たんだろう。

4) Para las ocho ya (**volver**　　　　　　　　　　) a casa.
　　私たちは8時までには帰宅しているでしょう。

5) Edgar otra vez está borracho. (**Beber**　　　　　　　　　　) mucho.
　　エドガルはまた酔っ払っている。たくさん飲んだんだろう。

6) ¿Para cuándo (**terminar**　　　　　　　　　　) la construcción del edificio?
　　そのビルの建設はいつまでに終わっているだろう？

7) Habéis hecho muy bien el examen. (**Estudiar**   ) mucho.
君たちは試験を大変うまくやった。よく勉強したんだろう。

8) ¿Has vuelto de las vacaciones? (**Ver**   ) muchas cosas.
休暇から帰ってきたの？いろいろ見たんだろうね。

9) Todavía no ha venido María. ¿Qué le (**pasar**   )?
マリアがまだ来ない。どうしたんだろう？

10) Son las once. Los invitados ya (**ir**se   ).
11時だ。お客さんたちはもう帰ってしまっただろう。

11) ¿A qué hora (**salir**   ) el autobús?
何時にバスは出発したんだろう？

12) Dicen que se van a mudar. ¿(**Comprar**   ) un piso nuevo?
彼らは引越しするそうだ。新しいマンションを買ったのかな。

13) Te lo (**decir**   ) en broma.
彼は君に冗談でそれを言ったんだろう。

14) ¿Quién (**romper**   ) la ventana?
誰が窓を割ったんだろう？

15) Este verano (**pasar**   ) las vacaciones en San Sebastián.
この夏彼らは休暇をサン・セバスティアンで過ごしたんだろう。

27

直説法過去未来

1 次の動詞をカッコ内の人称に合わせて過去未来形に活用させましょう。

1) estar（3複）　　（　　　　　　　　　）　11) comer（2単）　　（　　　　　　　　　）
2) ser（1単）　　（　　　　　　　　　）　12) llevar（2複）　　（　　　　　　　　　）
3) vivir（1複）　　（　　　　　　　　　）　13) volver（1複）　　（　　　　　　　　　）
4) comprar（2単）　　（　　　　　　　　　）　14) escribir（3単）　　（　　　　　　　　　）
5) deber（3単）　　（　　　　　　　　　）　15) empezar（1単）　　（　　　　　　　　　）
6) vender（3単）　　（　　　　　　　　　）　16) abrir（2複）　　（　　　　　　　　　）
7) preferir（1複）　　（　　　　　　　　　）　17) tomar（3複）　　（　　　　　　　　　）
8) ver（1単）　　（　　　　　　　　　）　18) dejar（1単）　　（　　　　　　　　　）
9) pensar（3単）　　（　　　　　　　　　）　19) irse（3複）　　（　　　　　　　　　）
10) cerrar（3複）　　（　　　　　　　　　）　20) arrepentirse（1単）（　　　　　　　　　）

2 日本語に合うように、カッコ内の不定詞を過去未来形に活用させましょう。

1) (**Preferir**, *yo*　　　　　　　　　) no verla ahora.
   （どちらかと言えば）今彼女に会いたくありません。

2) Nos prometieron que nos (**llevar**　　　　　　　　　) de viaje.
   彼らは私たちを旅行に連れて行ってくれると約束した。

3) ¿No me dijiste que (**cortar**se　　　　　　　　　) el pelo?
   髪を切るって私に言わなかったっけ？

4) (**Ser**　　　　　　　　) alrededor de las tres cuando llegó María.
   マリアが到着したとき3時頃だっただろう。

5) Carlos no cogió el teléfono. ¿Dónde (**estar**　　　　　　　　　)?
   カルロスは電話に出なかった。どこにいたんだろう？

6) Pensábamos que el concierto (**empezar**　　　　　　　　　) a las siete.
   コンサートは7時に始まると私たちは思っていた。

7) Emilio me dijo que me (**mandar**　　　　　　　　　) el archivo luego.
   エミリオは後でファイルを送ってくれると言った。

8) (**Deber**　　　　　　　　　) gastar menos y ahorrar más.
   私たちは出費を減らしてもっと貯金するべきだ。

9) Mis padres siempre decían que (**comprar**　　　　　　　　　) una casa en
   la playa algún día.
   両親はいつか海辺に家を買うといつも言っていた。

10) Gabriel nos prometió que (**fumar**　　　　　　　　　) menos.
   ガブリエルはたばこの量を減らすと私たちに約束した。

11) ¿Creían ustedes que Ricardo (**alegrar**se   )?
    リカルドが喜ぶだろうと思っていたんですか？

12) Adrián le preguntó si (**pedir**   ) más vino.
    アドリアンは彼女にもっとワインを頼むかどうか聞いた。

13) La abogada me dijo que (**buscar**   ) más datos.
    弁護士は私にもっとデータを探すと言った。

14) Nuestro hijo nos dejó un mensaje diciendo que no (**comer**   ) en casa.
    息子は家で食事しないというメッセージを残した。

15) Mi hermana me escribió que (**cenar**   ) con sus amigos.
    妹は友人たちと晩御飯を食べると書いてきた。

3 次の動詞をカッコ内の人称に合わせて過去未来形に活用させましょう。

1) hacer (2単) ( )	11) poner (3単) ( )	
2) poder (3複) ( )	12) salir (3複) ( )	
3) saber (1複) ( )	13) tener (2複) ( )	
4) salir (2複) ( )	14) caber (3単) ( )	
5) decir (1単) ( )	15) decir (3複) ( )	
6) querer (3単) ( )	16) venir (2単) ( )	
7) tener (1単) ( )	17) poder (2複) ( )	
8) haber (2単) ( )	18) haber (3単) ( )	
9) poder (3単) ( )	19) ponerse (1複) ( )	
10) venir (1複) ( )	20) hacerse (3複) ( )	

4 日本語に合うように、カッコ内の不定詞を過去未来形に活用させましょう。

1) Me dijo mi madre que mis abuelos (**venir**   ) la semana que viene.
    母は私に祖父母は来週来るだろうと言った。

2) Creíamos que tú (**hacer**se   ) famosa.
    私たちは君は有名になるだろうと信じていた。

3) Rodolfo me escribió que no (**poder**   ) venir a verme.
    ロドルフォは私に会いに来られないと手紙をよこした。

4) Nadie (**decir**   ) una cosa así.
    誰もそんなことは言わないだろう。

5) No (**saber**   ) qué aconsejarte.
    私たちは君に何と助言していいのか分かりません。

6) (**Tener**, *vosotros*   ) que hablar con ella cuanto antes.
    君たちはできるだけ早く彼女と話すべきでしょう。

7) Estaba segura de que (**poner**se, *tú*   ) muy contenta.
　君は絶対に喜ぶだろうと思っていたよ。

8) Sara me prometió que (**hacer**   ) todo lo posible.
　サラはできるだけのことをすると約束してくれた。

9) (**Querer**, *yo*   ) hacerle una pregunta.
　1つお尋ねしたいんですが。

10) Pregunté en la taquilla si el autobús (**salir**   ) a la hora prevista.
　私は切符売り場でバスは予定時間に出発するかどうか聞いた。

11) Ana y Diego contestaron que no (**tener**   ) tiempo ese día.
　アナとディエゴはその日は時間がないだろうと返事してきた。

12) Pensaba que (**haber**   ) restaurantes cerca del hotel.
　ホテルの近くにレストランがあるだろうと思っていた。

13) Pensé que no (**caber**   ) tanta gente en la sala.
　その部屋にはそんなに大勢入らないだろうと私は思った。

14) La jefa comentó que (**hacer**, *nosotros*   ) otra entrevista.
　上司はもう一度面接をしましょうとコメントした。

15) Enrique estaba callado. ¿No (**saber**   ) la respuesta?
　エンリケは黙っていた。答えを知らなかったのだろうか。

5 次の動詞をカッコ内の人称に合わせて過去未来形に活用させましょう。

1) entender (2単) ( )	11) salir (1単) ( )
2) venir (1複) ( )	12) viajar (3単) ( )
3) poder (3複) ( )	13) querer (2単) ( )
4) servir (2複) ( )	14) poner (2複) ( )
5) subir (1単) ( )	15) leer (1複) ( )
6) hacer (3単) ( )	16) tener (3複) ( )
7) decir (1複) ( )	17) pagar (2複) ( )
8) escribir (1単) ( )	18) dormir (1単) ( )
9) volver (2単) ( )	19) perderse (3単) ( )
10) olvidar (3複) ( )	20) darse (2単) ( )

6 日本語に合うように、カッコ内の不定詞を過去未来形に活用させましょう。

1) La profesora nos dijo que (**tener**   ) un examen pronto.
　先生はもうすぐ試験があるだろうと私たちに言った。

2) Por favor, ¿no (**poder**, *ustedes*   ) cambiarnos de asiento?
　すみません、席を変わっていただけませんか？

3) Mis hijos me prometieron que (**hacer**   ) los deberes.
　子供たちは私に宿題をすると約束した。

4) Sabía que me (**entender**, *tú*   ).
君が私のことを理解してくれると分かっていたよ。

5) Le pregunté si (**dejar**   ) de llover pronto.
すぐに雨がやむだろうかと私は彼に聞いた。

6) Nosotros (**preferir**   ) ir en tren.
私たちは（どちらかと言えば）電車で行くほうがいいです。

7) Decían que (**subir**   ) el precio de la gasolina.
ガソリンが値上がりすると言われていた。

8) El encargado dijo que (**preparar**   ) los documentos en una semana.
担当者は書類を1週間で準備すると言った。

9) Le prometí que la (**ir**   ) a buscar al aeropuerto.
私は空港に迎えに行くと彼女に約束した。

10) Creía que (**casar**se, *tú*   ) con Pablo.
君はパブロと結婚するんだろうと思っていたよ。

11) Inés me escribió que (**faltar**   ) a clase mañana.
イネスは明日は授業を欠席すると私に書いてきた。

12) Pensábamos que ya no (**venir**, *ustedes*   ).
あなた方はもういらっしゃらないんだろうと思っていました。

13) Me preguntaron si (**pagar**   ) con tarjeta.
私はカードで支払うかどうか聞かれた。

14) Lola me llamó y dijo que (**llegar**   ) tarde a casa.
ロラは電話してきて帰宅が遅くなると言った。

15) (**Querer**, *nosotros*   ) una mesa para esta noche.
今夜のテーブルを予約したいのですが。

28

直説法過去未来完了

❶ 次の動詞をカッコ内の人称に合わせて過去未来完了形に活用させましょう。

1) terminar（2複）　（　　　　　　　　　　　　　　）
2) leer（3単）　（　　　　　　　　　　　　　　）
3) salir（1複）　（　　　　　　　　　　　　　　）
4) poner（2単）　（　　　　　　　　　　　　　　）
5) decir（3複）　（　　　　　　　　　　　　　　）
6) cubrir（2複）　（　　　　　　　　　　　　　　）
7) empezar（1単）　（　　　　　　　　　　　　　　）
8) repetir（3単）　（　　　　　　　　　　　　　　）
9) dormir（3複）　（　　　　　　　　　　　　　　）
10) hacer（1単）　（　　　　　　　　　　　　　　）
11) entrar（2単）　（　　　　　　　　　　　　　　）
12) escribir（1複）　（　　　　　　　　　　　　　　）
13) ver（1単）　（　　　　　　　　　　　　　　）
14) abrir（3複）　（　　　　　　　　　　　　　　）
15) preparar（3単）　（　　　　　　　　　　　　　　）
16) tener（2複）　（　　　　　　　　　　　　　　）
17) poder（1複）　（　　　　　　　　　　　　　　）
18) volver（3単）　（　　　　　　　　　　　　　　）
19) perderse（2複）　（　　　　　　　　　　　　　　）
20) acostarse（1単）　（　　　　　　　　　　　　　　）

❷ 日本語に合うように、カッコ内の不定詞を過去未来完了形に活用させましょう。

1) Cuando llegaron, ya（**terminar**　　　　　　　　　）el evento.
　彼らが到着したときにはもうイベントは終わっていたのでしょう。

2) Josefa no vino a la fiesta. ¿No le（**avisar**　　　　　　　　　）nadie?
　ホセファはパーティーに来なかった。彼女に誰も知らせなかったのだろうか？

3) Lucas no pudo contestar bien a la pregunta. No（**hacer**　　　　　　　　　）la tarea.
　ルカスは質問にうまく答えられなかった。課題をやっていなかったのでしょう。

4) Decían que（**volver**　　　　　　　　　）a casa antes de las once.
　彼らは11時前には家に戻っていると言っていた。

5) Mis abuelos ya sabían lo ocurrido. Se lo（**decir**　　　　　　　　　）alguien.
　祖父母はもう起こったことを知っていた。誰かが言ったのだろう。

6) Me prometiste que lo（**leer**　　　　　　　　　）antes del fin de semana, ¿verdad?
　君はそれを週末になる前に読んでおくと約束したよね？

7) Los llamé, pero no contestaron. Ya (**salir**   ) de la oficina.

彼らに電話したけれど、出なかった。もうオフィスから出ていたのでしょう。

8) Elena no quiso ir con nosotros al cine. Seguramente (**ver**   ) esta película.

エレナは一緒に映画に行きたがらなかった。たぶんこの映画は見てしまっていたのでしょう。

9) Como la luz estaba apagada, pensé que ya todos (**acostar**se   ).

明かりが消えていたので、私はもうみんな寝てしまったのだろうと思った。

10) Les dije que (**preparar**   ) la cena antes de las ocho.

私は彼らに8時前には夕食を準備しておくと言いました。

29

接続法現在

1 次の動詞をカッコ内の人称に合わせて接続法現在形に活用させましょう。

1) ayudar（3複）　（　　　　　　）
2) beber（1複）　（　　　　　　）
3) abrir（2単）　（　　　　　　）
4) dejar（2複）　（　　　　　　）
5) vivir（1単）　（　　　　　　）
6) aprender（3単）（　　　　　　）
7) recibir（2単）　（　　　　　　）
8) decidir（2複）　（　　　　　　）
9) creer（3複）　（　　　　　　）
10) vender（1複）　（　　　　　　）

11) visitar（1単）　（　　　　　　）
12) escribir（3複）　（　　　　　　）
13) sacar（1複）　（　　　　　　）
14) buscar（1単）　（　　　　　　）
15) llegar（2複）　（　　　　　　）
16) pagar（3単）　（　　　　　　）
17) coger（2複）　（　　　　　　）
18) mandar（3複）　（　　　　　　）
19) lavarse（2単）　（　　　　　　）
20) cortarse（3単）　（　　　　　　）

2 日本語に合うように、カッコ内の不定詞を接続法現在形に活用させましょう。

1) Quizá Luisa le（**escribir**　　　　　　　）a su tío.
   たぶんルイサはおじさんに手紙を書くのだろう。

2) Tal vez los lunes no（**abrir**　　　　　　　）los museos.
   もしかすると月曜日には美術館は開いていないかもしれない。

3) Probablemente no（**quedar**　　　　　　　）asientos libres.
   おそらく空席は残っていないだろう。

4) Posiblemente no（**llegar**　　　　　　　）a tiempo a la cita.
   もしかすると私たちは待ち合わせに間に合わないかもしれない。

5) Tal vez no les（**gustar**　　　　　　　）la cerveza.
   おそらく彼らはビールが好きではないだろう。

6) Quizá ella（**casar**se　　　　　　　）con su novio el año que viene.
   たぶん彼女は恋人と来年結婚するだろう。

7) Posiblemente su hermano（**trabajar**　　　　　　　）en aquella empresa.
   ひょっとすると彼の弟はあの会社で働いているのかもしれない。

8) Tal vez no（**comprender**, *vosotros*　　　　　　　）nuestra situación.
   おそらく君たちには私たちの状況が理解できないだろう。

9) Quizá ella no me（**esperar**　　　　　　　）.
   たぶん彼女は私を待たないでしょう。

10) Probablemente ellos（**coger**　　　　　　　）un taxi.
    もしかすると彼らはタクシーを拾うかもしれない。

③　次の動詞をカッコ内の人称に合わせて接続法現在形に活用させましょう。

1) querer（2複）　　（　　　　　　　）　　11) dormir（2複）　　（　　　　　　　　）

2) pensar（1単）　　（　　　　　　　）　　12) morir（3複）　　（　　　　　　　　）

3) perder（2単）　　（　　　　　　　）　　13) seguir（2単）　　（　　　　　　　　）

4) entender（1単）　（　　　　　　　）　　14) costar（3複）　　（　　　　　　　　）

5) sentir（3単）　　（　　　　　　　）　　15) jugar（3複）　　（　　　　　　　　）

6) cerrar（2複）　　（　　　　　　　）　　16) elegir（2単）　　（　　　　　　　　）

7) volver（1複）　　（　　　　　　　）　　17) repetir（1複）　　（　　　　　　　　）

8) poder（3複）　　（　　　　　　　）　　18) moverse（2単）　（　　　　　　　　）

9) pedir（2複）　　（　　　　　　　）　　19) sentarse（1複）　（　　　　　　　　）

10) empezar（3単）　（　　　　　　　）　　20) acostarse（1単）　（　　　　　　　　）

④　日本語に合うように、カッコ内の不定詞を接続法現在形に活用させましょう。

1) ¡Ojalá ellos (**entender**　　　　　　　　) lo que dices!

　　君の言っていることを彼らが理解してくれるといいね。

2) ¡Ojalá (**poder**, *tú*　　　　　　　　) asistir a mi boda!

　　君が私の結婚式に出席できるといいのになあ。

3) ¡Ojalá mi hijo (**aprobar**　　　　　　　　) el examen!

　　私の息子が試験に受かりますように。

4) ¡Ojalá (**dormir**　　　　　　　　) usted bien!

　　よく眠れますように。

5) ¡Ojalá Paula nos (**contar**　　　　　　　　) la verdad!

　　パウラが本当のことを私たちに話してくれるといいなあ。

6) ¡Ojalá (**volver**, *nosotros*　　　　　　　　) a vernos!

　　もう一度会えますように。

7) ¡Ojalá no (**llover**　　　　　　　　) mañana!

　　明日雨が降りませんように。

8) ¡Ojalá tu abuelo (**encontrar**se　　　　　　　　) bien después de la operación!

　　君のおじいさんの手術後の具合がよいといいんですが。

9) ¡Ojalá no (**sentir**se　　　　　　　　) mal!

　　彼らが気を悪くしませんように。

10) ¡Ojalá (**divertir**se　　　　　　　　) vosotros!

　　君たちが楽しく過ごせるといいね。

5 次の動詞をカッコ内の人称に合わせて接続法現在形に活用させましょう。

1) hacer (3単)　　　(　　　　　　　　)　　11) producir (2単)　(　　　　　　　　)

2) salir (2複)　　　(　　　　　　　　)　　12) poner (3複)　　(　　　　　　　　)

3) ofrecer (3複)　　(　　　　　　　　)　　13) construir (1複)　(　　　　　　　　)

4) traer (1複)　　　(　　　　　　　　)　　14) saber (1単)　　(　　　　　　　　)

5) tener (1単)　　　(　　　　　　　　)　　15) venir (2単)　　(　　　　　　　　)

6) ver (3複)　　　　(　　　　　　　　)　　16) haber (3複)　　(　　　　　　　　)

7) decir (3単)　　　(　　　　　　　　)　　17) ir (1複)　　　　(　　　　　　　　)

8) oír (2単)　　　　(　　　　　　　　)　　18) conocer (2複)　(　　　　　　　　)

9) dar (3単)　　　　(　　　　　　　　)　　19) ser (1単)　　　(　　　　　　　　)

10) conducir (1単)　(　　　　　　　　)　　20) estar (2複)　　(　　　　　　　　)

6 日本語に合うように、カッコ内の不定詞を接続法現在形に活用させましょう。

1) El jefe quiere que (**ir**, *tú*　　　　　　　　) a la reunión mañana.
　　上司は君が明日の会議に行くことを望んでいる。

2) Queremos que ella (**tener**　　　　　　　　) éxito en su nuevo trabajo.
　　私たちは彼女が新しい仕事で成功してほしいと思っている。

3) Quiero que (**ser**, *tú*　　　　　　　　) más puntual.
　　君にはもっと時間に正確な人になってもらいたい。

4) Luis quiere que le (**decir**, *tú*　　　　　　　　) la verdad.
　　ルイスは君に本当のことを言ってもらいたいと思っている。

5) No quiero que mi hermano (**conducir**　　　　　　　　) mi coche.
　　私は弟に私の車を運転してほしくない。

6) Quieres que yo (**hacer**　　　　　　　　) más ejercicio, ¿verdad?
　　君は私にもっと運動してもらいたいと思っているのですよね？

7) Gloria no quiere que su hija (**salir**　　　　　　　　) de noche.
　　グロリアは娘に夜出かけてほしくない。

8) El profesor quiere que (**traer**　　　　　　　　) el diccionario a clase.
　　先生は私たちが授業に辞書を持ってくることを望んでいる。

9) Queremos que (**venir**, *vosotros*　　　　　　　　) con nosotros.
　　私たちは君たちに一緒に来てほしい。

10) Quiero que (**ver**, *tú*　　　　　　　　) la película que te recomendé el otro día.
　　私は君にこの間勧めた映画を見てほしいと思っている。

7 日本語に合うように、カッコ内の不定詞を接続法現在形に活用させましょう。

1) Le digo a Carlos que (**ir**) al médico.

   私はカルロスに医者に行くようにと言う。

2) Os digo que no (**leer**, *vosotros*) tantos cómics.

   私は君たちにそんなにマンガを読まないようにと言う。

3) La madre le dice a su hija que (**ser**) amable con sus amigos.

   母は娘に友達に親切にするようにと言う。

4) Mi hermana me dice que (**cerrar**) todas las ventanas.

   姉は私にすべての窓を閉めるようにと言う。

5) Nos dicen que no (**salir**) por esta puerta.

   彼らはこのドアから出ないようにと私たちに言う。

6) Ella le dice a su marido que (**poner**se) la corbata que le regaló.

   彼女は、彼女がプレゼントしたネクタイをするようにと夫に言う。

7) Mis padres me dicen que (**ofrecer**) mi asiento a los ancianos.

   私の両親はお年寄りたちに座席を譲るようにと私に言う。

8) El doctor me dice que (**dormir**) más.

   医者は私にもっと眠るようにと言う。

9) La profesora nos dice que (**repetir**) la frase en voz alta.

   先生は私たちにそのフレーズを大きな声で繰り返すようにと言う。

10) Isabel me dice que no (**sentar**se) aquí.

   イサベルは私にここに座らないようにと言う。

30 名詞節内の接続法

1 日本語に合うように、カッコ内の不定詞を接続法現在形に活用させましょう。

1) Es posible que (**tener**　　　　　　　　) que cambiar de fecha.
   私たちは日程を変更しないといけないかもしれない。

2) Es natural que no (**querer**, *ustedes*　　　　　　　　) hablar de ese asunto.
   あなた方がその件について話したくないのも当然です。

3) Es mejor que (**ir**, *tú*　　　　　　　　) en taxi.
   君はタクシーで行くほうがいい。

4) Es probable que no me (**dar**, *ellos*　　　　　　　　) la beca.
   私は奨学金をもらえないかもしれない。

5) Es lógico que todo el mundo (**enfadar**se　　　　　　　　) al oírlo.
   みんながそれを聞いて怒るのは当然だ。

6) Es importante que ellos mismos (**darse**　　　　　　　　) cuenta de eso.
   彼ら自身がそのことに気づくことが重要です。

7) Es necesario que lo (**empezar**, *vosotros*　　　　　　　　) ahora mismo.
   君たちがそれを今すぐ始めることが必要です。

8) Es increíble que ya (**estar**, *nosotros*　　　　　　　　) en agosto.
   もう8月なんて信じられない。

9) Es raro que Marcos no (**llegar**　　　　　　　　) a tiempo.
   マルコスが時間通りに着かないのは珍しい。

10) Es conveniente que (**aprender**, *tú*　　　　　　　　) a conducir.
    君が運転を覚えることはいいことだ。

2 日本語に合うように、カッコ内の不定詞を接続法現在形に活用させましょう。

1) Me sorprende que los niños (**querer**　　　　　　　　) volver a casa ya.
   私は子供たちがもう家に帰りたがっていることに驚いている。

2) Siento que ya (**marchar**se, *usted*　　　　　　　　).
   あなたがもう帰られるのは残念です。

3) Es extraño que no (**haber**　　　　　　　　) nadie en casa a estas horas.
   この時間に誰も家にいないとはおかしい。

4) Es una pena que tu marido no (**poder**　　　　　　　　) venir.
   君の夫が来られないのは残念です。

5) No nos importa que (**venir**, *tú*　　　　　　　　) con tus nietos.
   お孫さんたちと一緒に来ても私たちは構わないですよ。

6) No me gusta que me (**tratar**, *ellos*　　　　　　　　) como a un niño.
   私は子供のように扱われるのが好きではない。

7) Nos molesta que no nos (**decir**, *vosotros*   ) lo que pensáis.
   君たちが思っていることを言ってくれないのは不愉快だ。

8) Mi familia se alegra de que (**estudiar**   ) Medicina.
   家族は私が医学を学ぶことを喜んでいる。

9) No me extraña que el público (**quejar**se   ) del resultado del partido.
   観衆が試合結果に文句を言うのは不思議ではない。

10) Es una lástima que no (**salir**   ) adelante el proyecto.
    計画がうまく進まないのは残念だ。

3 ［　］の動詞は直説法現在形、（　）の動詞は接続法現在形に活用させましょう。

1) La profesora nos ［**decir**   ］ que (**repasar**   ) esta lección.
   先生は私たちにこの課を復習するようにと言う。

2) ［**Esperar**   ］ que él (**volver**   ) a jugar.
   私たちは彼がもう一度プレーできることを望んでいる。

3) Su mamá le ［**prohibir**   ］ que (**jugar**   ) con su tableta más de dos horas.
   母親は彼女がタブレットで2時間以上遊ぶのを禁止する。

4) Me ［**aconsejar**, *ellos*   ］ que (**ir**   ) abrigada.
   彼らは私にあたたかい格好をしていくようにアドバイスしてくれている。

5) ［**Necesitar**   ］ que me (**ayudar**, *vosotros*   ).
   私は君たちに手伝ってもらう必要がある。

6) ¿Me ［**permitir**   ］ usted que le (**hacer**   ) una pregunta?
   私が質問することをお許しいただけますか？

7) El tifón les ［**impedir**   ］ que (**salir**   ) de excursión.
   台風のせいで彼らは遠足に出かけられない。

8) ［**Desear**   ］ que (**tener**, *usted*   ) buen viaje.
   私たちはあなたがいい旅をすることを望んでいます。

9) Les ［**pedir**, *yo*   ］ que (**traer**, *ustedes*   ) algún postre.
   何かデザートを持ってきてくださるようにお願いします。

10) Te ［**ordenar**   ］ que (**levantar**se, *tú*   ) temprano.
    彼らは君に早く起きるようにと命令する。

④ 例にならって、主節を否定文にした文を完成させましょう。

例) Creo que ellos me ayudan.　私は彼らが手伝ってくれると思う。
　→ *No creo que ellos me ayuden.*　私は彼らが手伝ってくれるとは思わない。

1) Creo que llueve mañana.　明日雨が降ると思う。
　→

2) Es cierto que siempre nos critican.
　彼らがいつも私たちのことを批判するというのは本当だ。
　→

3) Parece que se siente cansada.　彼女は疲れているように見える。
　→

4) Elena piensa que ustedes tienen la culpa.　エレナはあなた方が悪いのだと思っている。
　→

5) Estoy seguro de que las chicas conocen a ese señor.
　私は女の子たちがその男性を知っていると確信している。
　→

6) Creemos que vosotros estáis contentos.　私たちは君たちが喜んでいると思う。
　→

7) Es seguro que él va a dejar la oficina.　彼がオフィスを去ることは確実だ。
　→

8) Pienso que lo dicen en serio.　私は彼らがそれを本気で言っていると思う。
　→

9) Es verdad que mi hija quiere ser política.
　私の娘が政治家になりたがっているというのは本当だ。
　→

10) Me parece que le gustan los perros.　私には彼が犬好きであるように思える。
　→

⑤ 日本語に合うように、カッコ内の選択肢から正しいものを選びましょう。

1) ¿Es cierto que (tienes / tengas) que cambiar de piso?
　君がマンションを移らないといけないというのは本当ですか？

2) Es posible que (nieva / nieve) esta noche.
　今晩雪が降るかもしれない。

3) Es verdad que Hugo ya no (vive / viva) aquí.
　ウゴがもうここに住んでいないというのは本当だ。

4) No me gusta que (habláis / habléis) mal de él.
　君たちが彼のことを悪く言うのは好きではない。

5) No me importa que ustedes me (visitan / visiten) a cualquier hora.
　あなた方が何時に訪ねてくださっても私は構いません。

74

6) No creo que Lucía (viene / venga) acompañada.
ルシアが誰かと一緒に来るとは思わない。

7) No es seguro que (podemos / podamos) tomarnos unas vacaciones.
私たちが休暇を取れるかどうかは分かりません。

8) Nos parece que (hay / haya) muchos problemas que resolver.
解決すべき問題がたくさんあるように思える。

9) Es importante que usted (mantiene / mantenga) la paciencia.
あなたが辛抱を続けることが重要だ。

10) Es probable que el avión (sale / salga) del aeropuerto con retraso.
飛行機は遅れて空港を発つかもしれない。

写真を「読む」① MADRID, ESPAÑA（マドリード・スペイン）

Se prohíbe fijar carteles.
「張り紙をすることは禁止されています（張り紙禁止）」

*マドリード、マヨール広場を出てすぐ、有名なチョコレート屋さんがあることで知られる
Pasadizo de San Ginés の通りの壁に書かれた注意書き。

31

関係節内の接続法

1 日本語に合うように、カッコ内の不定詞を接続法現在形に活用させましょう。

1) Puedes elegir las fechas que te (**venir**   ) bien.
   君は都合のいい日付を選ぶことができます。

2) Pensamos comprar una casa que (**dar**   ) a la playa.
   私たちはビーチに面した家を買おうと思っています。

3) Podéis descargar los libros que os (**interesar**   ).
   君たちは興味のある本をダウンロードすることができる。

4) ¿Conoces a alguien que (**tener**   ) conocimiento de informática?
   君は誰か情報処理の知識を持っている人を知っている？

5) ¿Hay alguien que lo (**poder**   ) ayudar?
   彼を手伝える人は誰かいるかい？

6) Pienso alquilar un piso que (**estar**   ) cerca de la oficina.
   私はオフィスから近いところに部屋を借りたいと思っている。

7) El equipo busca un jugador que (**ser**   ) capaz de sustituirlo.
   チームは彼の代わりになれる選手を探している。

8) No conozco a nadie que (**tocar**   ) este instrumento.
   私はこの楽器を演奏する人を誰も知らない。

9) Se buscan unos empleados que (**saber**   ) conducir.
   運転ができる従業員を探しています。

10) Necesito una chaqueta que (**ir**   ) bien con este vestido.
    私はこのワンピースに合うジャケットが必要です。

2 日本語に合うように、カッコ内の選択肢から正しいものを選びましょう。

1) No hay nadie que me (entiende / entienda).
   私を理解してくれる人は誰もいない。

2) ¿Me puede recomendar unos bares que nos (sirven / sirvan) buenas tapas?
   おいしいタパスを出してくれるバルを何軒か紹介してもらえますか？

3) Me gustan estos zapatos que (van / vayan) bien con esta falda.
   私はこのスカートによく合うこの靴が気に入っている。

4) Estoy buscando al botones que (habla / hable) árabe.
   私はアラビア語を話すそのベルボーイを探しているところです。

5) Vamos a comprar la casa que (está / esté) en la calle Santiago.
   サンティアゴ通りにあるその家を買いましょう。

6) Tengo unos amigos que (conocen / conozcan) Perú.
   私はペルーに行ったことのある友達が数人いる。

76

7) ¿Conoces a alguien que (sabe / sepa) conducir coches extranjeros?

君は誰か外車を運転できる人を知っている？

8) Necesitamos unos camareros que (trabajan / trabajen) por la noche.

私たちは夜間に働くウェイターを必要としている。

9) Hay varias personas que (quieren / quieran) participar en el club.

このクラブに参加したい人が数人います。

10) Es importante tomar alimentos que (tienen / tengan) calcio.

カルシウムを含んだ食品を取ることが重要です。

3 日本語に合うように、カッコ内の選択肢から正しいものを選びましょう。

1) Después de hacer los deberes puedes ir adonde (quieres / quieras).

宿題をやったら君はどこでも好きなところに行っていいよ。

2) ¿Puedo ver lo que (llevas / lleves) en la caja?

君が箱の中に持っているものを見てもいい？

3) Quiero vivir en una región donde no (hace / haga) mucho calor.

私はあまり暑くない地域に住みたい。

4) En Japón está prohibido fumar a los que (son / sean) menores de veinte años.

日本では20歳未満の人にはたばこを吸うことが禁じられています。

5) ¿Puedes leer lo que (está / esté) escrito ahí?

そこに書かれていることを読んでもらえますか？

6) Esta es la casa donde (viven / vivan) mis abuelos.

ここは私の祖父母が住んでいる家だ。

7) Son muy amables todos los que (trabajan / trabajen) aquí.

ここで働く人はみんな親切だ。

8) Hoy os invito yo. Podéis comer cuanto (queréis / queráis).

今日は私のおごりだ。君たちは好きなだけ食べていいよ。

9) Por aquí hay una tienda donde se (pueden / puedan) comprar camisetas de este equipo.

この辺りにこのチームの T シャツが買える店が1軒ある。

10) Puedes quedarte con todo lo que te (gusta / guste).

君は好きなものをなんでも持って行っていいよ。

32 副詞節内の接続法

1 日本語に合うように、カッコ内の不定詞を接続法現在形に活用させましょう。

1) Tan pronto como (**terminar**   ) el concierto, te llamaré.
   コンサートが終わったらすぐに君に電話するよ。

2) Antes de que (**poner**se   ) el sol, volveré a casa.
   日が沈む前に私は家に帰るつもりだ。

3) Vamos en taxi para que no (**tener**, *tú*   ) que andar mucho.
   君がたくさん歩かなくていいようにタクシーで行こう。

4) Usted no debe levantarse hasta que (**llegar**   ) el médico.
   医者が到着するまで起き上がってはいけません。

5) No se puede salir de aquí sin que (**dar**se   ) cuenta nadie.
   誰にも気づかれないでここから出ることはできない。

6) No quiero ir a no ser que me (**acompañar**, *tú*   ).
   君が一緒に行ってくれない限り私は行きたくない。

7) Quiero ser jugador de fútbol cuando (**ser**   ) mayor.
   大きくなったら私はサッカー選手になりたい。

8) Aunque no (**querer**   ), tienes que ir a la cita.
   気が進まなくても約束には行かなければいけないよ。

9) Visitaré el museo con tal de que no (**haber**   ) mucha gente.
   混んでなければ、美術館に行くつもりだ。

10) Te dejaré la bicicleta a condición de que me la (**devolver**, *tú*   ) mañana.
    明日返してくれるのなら、君に自転車を貸すよ。

2 日本語に合うように、カッコ内の選択肢から正しいものを選びましょう。

1) ¿Puedes salir de casa sin que te (ver / ve / vea) nadie?
   誰にも見られずに家を出られる？

2) Mientras mi madre (estar / está / esté) en la oficina, me quedo siempre solo en casa.
   母がオフィスにいる間、私はいつも家に一人でいる。

3) Cuando (venir / viene / venga) usted a Madrid, póngase en contacto conmigo, por favor.
   マドリードに来たら私にご連絡ください。

4) Ella se ha ido sin (decirme / me dice / me diga) nada.
   彼女は私に何も言わずに行ってしまった。

5) En caso de que (necesitar / necesitas / necesites) algo, llámame.
   何か必要な場合には、私に電話してね。

6) Aunque no (tener / tengo / tenga) tiempo, voy a verlo.
   たとえ時間がなくても、彼に会いに行くつもりだ。

7) He venido para（ayudarte / te ayudo / te ayude）.
　君を手伝いに来たよ。

8) Cuando（ir / voy / vaya）a Barcelona, quiero ver la Sagrada Familia.
　バルセロナに行くときには、サグラダファミリアを見てみたい。

9) Tengo que salir, aunque（estar / está / esté）lloviendo mucho.
　雨がたくさん降っているが、私は出かけなければならない。

10) Te lo repito para que lo（entender / entiendes / entiendas）mejor.
　君がもっと理解できるようにもう一度言うよ。

写真を「読む」② Bogotá, Colombia（ボゴタ・コロンビア）

Si su niño sobrepasa los 90 cms de estatura paga tiquete.
「お子様の身長が90センチ以上の場合は、チケット購入のこと。」

＊コロンビア、ボゴタにある Monserrate の丘に登るロープウェイ乗り場で見かけた注意書き。tiquete は英語 ticket からの借用語。cms は centímetros を意味するが、省略する場合、正しくは s なしの cm を使う。

33 接続法現在完了

1 次の動詞をカッコ内の人称に合わせて接続法現在完了形に活用させましょう。

1) escribir (2単)　（　　　　　　　　　　　　　）
2) leer (1複)　（　　　　　　　　　　　　　）
3) decir (3複)　（　　　　　　　　　　　　　）
4) hacer (2複)　（　　　　　　　　　　　　　）
5) conocer (3単)　（　　　　　　　　　　　　　）
6) estar (1単)　（　　　　　　　　　　　　　）
7) comer (3単)　（　　　　　　　　　　　　　）
8) dormir (2単)　（　　　　　　　　　　　　　）
9) abrir (3複)　（　　　　　　　　　　　　　）
10) dar (1単)　（　　　　　　　　　　　　　）
11) hacer (3複)　（　　　　　　　　　　　　　）
12) ver (1複)　（　　　　　　　　　　　　　）
13) tener (3単)　（　　　　　　　　　　　　　）
14) viajar (2単)　（　　　　　　　　　　　　　）
15) volver (3単)　（　　　　　　　　　　　　　）
16) romper (2単)　（　　　　　　　　　　　　　）
17) ser (2複)　（　　　　　　　　　　　　　）
18) poner (1単)　（　　　　　　　　　　　　　）
19) acostarse (2単)　（　　　　　　　　　　　　　）
20) irse (3複)　（　　　　　　　　　　　　　）

2 日本語に合うように、カッコ内の不定詞を接続法現在完了形に活用させましょう。

1) Es una pena que Rafa ya (**ir**se　　　　　　　　　　).
　　ラファがもう帰ってしまったのは残念だ。

2) Me sorprende que lo (**hacer**　　　　　　　　　) vosotras solas.
　　私は君たちがそれを自分たちだけでやったことに驚いている。

3) No me parece que Maite (**estudiar**　　　　　　　　　) bien la lección.
　　マイテがその課をちゃんと勉強したとは思えません。

4) Espero que (**escribir**　　　　　　　　　) el informe para el viernes.
　　彼らが金曜日までに報告書を書いてしまっていることを期待する。

5) Me alegro de que (**volver**, *tú*　　　　　　　　　) sana y salva.
　　私は君が無事帰ってきてうれしい。

6) Es natural que (**poner**se, *ustedes*　　　　　　　　　) de mal humor.
　　あなた方が不機嫌になったのも当然だ。

7) Es una lástima que le (**decir**, *tú*　　　　　　　　　　　) cosas así.
　　君が彼にそんなことを言ったとは残念だ。

8) No creo que Mario (**probar**　　　　　　　　　) el pez globo.
　　マリオがフグを食べてみたことがあるとは思わない。

9) No estoy segura de que mi madre (**hablar**　　　　　　　　　) con Luis.
　　母がルイスと話したことがあるか分からない。

10) No es cierto que (**romper**　　　　　　　　　) con Jorge.
　　私がホルヘと別れたというのは本当ではない。

11) Siento que (**tener**, *ustedes*　　　　　　　　　) que cancelar el viaje.
　　あなた方が旅行をキャンセルしないといけなかったとは残念です。

12) Estamos muy contentos de que por fin nuestra hija (**hacer**se　　　　　　　　　　)
　　médica.
　　私たちは娘がついに医者になってとても満足している。

13) Me extraña que no nos (**llamar**　　　　　　　　　) todavía.
　　彼女がまだ私たちに電話してきていないのはおかしい。

14) Esperamos que (**mejorar**se, *tú*　　　　　　　　　) ya.
　　私たちは君がもう良くなっていることを期待している。

15) Parece mentira que no (**llegar**　　　　　　　　　) a un acuerdo todavía.
　　我々がまだ合意に至っていないのは嘘のようだ。

16) Me molesta que mi hermano no (**preparar**　　　　　　　　　) la cena.
　　兄が夕食を準備していないのは不愉快だ。

17) Esperamos que ya le (**dar**, *ellos*　　　　　　　　　) la noticia.
　　私たちは彼女が彼らからもうその知らせを受けたことを望んでいる。

18) Es lógico que tus padres no te (**permitir**　　　　　　　　　) ir con ellos.
　　君の両親が彼らと一緒に行くことを許さなかったのは当然だ。

19) No creemos que el evento (**ser**　　　　　　　　　) un éxito.
　　私たちはイベントが成功だったとは思わない。

20) Es poco probable que Jaime ya (**acostar**se　　　　　　　　　).
　　ハイメがもう寝たというのはほぼありえない。

34 接続法過去

1 次の動詞をカッコ内の人称に合わせて接続法過去 **-ra** 形に活用させましょう。

1) empezar (1単) (　　　　　　　　　) 　　6) volver (3単) (　　　　　　　　　)

2) salir (2複) (　　　　　　　　　) 　　7) subir (3複) (　　　　　　　　　)

3) comprar (1複) (　　　　　　　　　) 　　8) comer (2複) (　　　　　　　　　)

4) perder (2単) (　　　　　　　　　) 　　9) aprender (1単) (　　　　　　　　　)

5) recibir (3複) (　　　　　　　　　) 　　10) acostarse (2単) (　　　　　　　　　)

2 次の動詞をカッコ内の人称に合わせて接続法過去 **-se** 形に活用させましょう。

1) entrar (1複) (　　　　　　　　　) 　　6) conocer (2単) (　　　　　　　　　)

2) escribir (3単) (　　　　　　　　　) 　　7) decidir (1複) (　　　　　　　　　)

3) ver (2複) (　　　　　　　　　) 　　8) probar (2複) (　　　　　　　　　)

4) entender (1単) (　　　　　　　　　) 　　9) fumar (1単) (　　　　　　　　　)

5) pensar (2単) (　　　　　　　　　) 　　10) levantarse (3複) (　　　　　　　　　)

3 日本語に合うように、カッコ内の不定詞を接続法過去形に活用させましょう。

1) No nos permitían que (**entrar**　　　　　　　　) en el despacho de la madre.
私たちは母の書斎に入るのを許されていなかった。

2) No queríamos que el abuelo (**fumar**　　　　　　　　) tanto.
私たちは祖父にそんなにたばこを吸ってほしくなかった。

3) Te dije que (**volver**　　　　　　　) antes de la cena, ¿no?
夕食前に戻るようにと君に言ったよね？

4) Nos recomendaron que (**probar**　　　　　　　　) este plato.
私たちはこの料理を試すように勧められた。

5) Mis padres esperaban que (**trabajar**　　　　　　　　) en esta empresa.
両親は私がこの会社で働くことを望んでいた。

6) Os repetíamos que (**levantar**se　　　　　　　　) más temprano.
私たちは君たちにもっと早く起きるように繰り返し言っていた。

7) Le pedí a mi padre que me (**comprar**　　　　　　　　) un móvil.
私は父に携帯電話を買ってほしいと頼んだ。

8) Me aconsejaron que (**comer**　　　　　　　　) más verdura.
私はもっと野菜を食べるように忠告された。

9) El mal tiempo nos impidió que (**empezar**　　　　　　　　) el experimento.
悪天候のせいで私たちは実験を始めることができなかった。

10) Tus padres deseaban que (**conocer**, *tú*　　　　　　　　) más mundo.
君の両親は君にもっと広い世界を知ってほしいと望んでいた。

④ 次の動詞をカッコ内の人称に合わせて接続法過去 **-ra** 形に活用させましょう。

1) pedir（3複）　　（　　　　　　　　　）　　4) servir（1単）　　（　　　　　　　　　　）

2) morir（2単）　　（　　　　　　　　　）　　5) divertirse（1複）　（　　　　　　　　　）

3) seguir（2複）　　（　　　　　　　　　）

⑤ 次の動詞をカッコ内の人称に合わせて接続法過去 **-se** 形に活用させましょう。

1) elegir（1単）　　（　　　　　　　　　）　　4) dormir（2複）　　（　　　　　　　　　　）

2) repetir（3単）　　（　　　　　　　　　）　　5) sentirse（2単）　　（　　　　　　　　　　）

3) preferir（1複）　（　　　　　　　　　）

⑥ 日本語に合うように、カッコ内の不定詞を接続法過去形に活用させましょう。

1) No era seguro que esto nos (**servir**　　　　　　　　　　) para algo.

これが私たちにとって何かの役に立っているかどうか分からなかった。

2) Era necesario que (**dormir**　　　　　　　　　　) más.

彼にはもっと睡眠時間を取ることが必要だった。

3) Era lógico que (**sentir**se, *vosotros*　　　　　　　　　　) cansados.

君たちが疲れているのも当然のことでした。

4) Era importante que (**repetir**　　　　　　　　　　) la práctica.

私たちが実践を繰り返すことが重要だった。

5) Estaba contenta de que (**seguir**, *vosotros*　　　　　　　　　　) tocando el piano.

彼女は君たちがピアノを弾き続けていることを喜んでいました。

6) No creíamos que Rubén te lo (**pedir**　　　　　　　　　　).

私たちはルベンが君にそれを頼むとは思っていなかった。

7) Dudaba que los invitados (**divertir**se　　　　　　　　　　) en la fiesta.

私は招待客たちがパーティーを楽しんでいるとは思っていなかった。

8) Sentimos que el personaje favorito (**morir**　　　　　　　　　　) en la escena
siguiente.

私たちはお気に入りの登場人物が次のシーンで亡くなってしまうことを残念に思った。

9) No me extrañaba que su hijo (**elegir**　　　　　　　　　　) otro camino.

彼女の息子が別の道を選ぶのも不思議ではなかった。

10) Me alegré de que (**preferir**, *vosotros*　　　　　　　　　　) quedaros aquí.

私は君たちがここに残るほうを選んでくれてうれしかったよ。

83

7 次の動詞をカッコ内の人称に合わせて接続法過去 **-ra** 形に活用させましょう。

1) oír（3単）　　（　　　　　　　）　　6) conducir（3複）　（　　　　　　　）

2) creer（2複）　（　　　　　　　）　　7) querer（2複）　（　　　　　　　）

3) andar（2単）　（　　　　　　　）　　8) traer（2単）　（　　　　　　　）

4) poder（1複）　（　　　　　　　）　　9) venir（1複）　（　　　　　　　）

5) saber（1単）　（　　　　　　　）　　10) estar（3単）　（　　　　　　　）

8 次の動詞をカッコ内の人称に合わせて接続法過去 **-se** 形に活用させましょう。

1) leer（3複）　　（　　　　　　　）　　6) tener（3単）　（　　　　　　　）

2) caer（1単）　　（　　　　　　　）　　7) ir（1複）　　（　　　　　　　）

3) hacer（1複）　（　　　　　　　）　　8) dar（1単）　　（　　　　　　　）

4) decir（2単）　（　　　　　　　）　　9) haber（3単）　（　　　　　　　）

5) poner（2複）　（　　　　　　　）　　10) producir（2複）（　　　　　　　）

9 日本語に合うように、カッコ内の不定詞を接続法過去形に活用させましょう。

1) No creía que estos actores ya (**tener**　　　　　　　) más de ochenta años.
私はこの俳優たちがもう80歳を超えているとは思っていなかった。

2) Me dijeron que (**ir**　　　　　　　) a buscarla.
私は彼女を迎えに行くように言われた。

3) Me extrañó que mis padres (**saber**　　　　　　　) la noticia.
両親がそのニュースを知っていることを私は不審に思った。

4) Esperaba que la empresa lo (**mandar**　　　　　　　) a la sucursal de Londres.
彼は会社がロンドン支社に派遣してくれることを期待していました。

5) Fue necesario que le (**decir**, *vosotros*　　　　　　　) la verdad.
君たちが彼に真実を言うことが必要だった。

6) Los niños me pidieron que les (**leer**　　　　　　　) un libro ilustrado.
子供たちは私に絵本を読んでほしいと頼んだ。

7) Nos alegramos de que (**venir**, *tú*　　　　　　　) a vernos.
私たちは君が会いに来てくれることがうれしかった。

8) Sentí que su abuela (**estar**　　　　　　　) mal.
彼のおばあさんの体調が悪いのは気の毒でした。

9) Nos aconsejó que (**traer**　　　　　　　) la comida.
彼女は私たちに食べ物を持ってくるように勧めた。

10) No era seguro que (**poder**　　　　　　　) venir a la boda.
彼らが結婚式に来られるかどうかはっきりしなかった。

❿ 日本語に合うように、カッコ内の不定詞を接続法過去形に活用させましょう。

1) Buscaba una corbata que (**ir**   ) bien con esta camisa.

   私はこのシャツに合うネクタイを探していた。

2) Tuvimos que salir de allí sin que nos (**ver**   ) nadie.

   私たちは誰にも見られずにそこから出なければならなかった。

3) Pensábamos llamaros cuando (**estar**   ) decididos.

   私たちは決心がついたら君たちに電話しようと思っていた。

4) Queríamos encontrar una casa a la que (**dar**   ) mucho el sol.

   私たちは日当たりのよい家を見つけたいと思っていた。

5) Hablaba como si (**conocer**   ) ese país.

   彼はまるでその国に行ったことがあるかのように話していた。

6) Te repetí la explicación para que la (**entender**   ) mejor.

   君がもっとよく理解できるように私は説明を繰り返した。

7) Pudimos llegar a casa antes de que (**empezar**   ) a llover.

   私たちは雨が降り出す前に家に着くことができた。

8) En la oficina no había nadie que le (**caer**   ) bien a Esteban.

   オフィスにはエステバンの気に入るような人はいなかった。

9) Me gustaría que (**venir**, *tú*   ) a visitarme.

   君に私のところに来てもらいたいのですが。

10) Sería mejor que (**hacer**, *vosotros*   ) más ejercicio.

   君たちはもっと運動したほうがいいでしょう。

35

接続法過去完了

1 次の動詞をカッコ内の人称に合わせて接続法過去完了 **-ra** 形と **-se** 形のそれぞれに活用させましょう。

1) estudiar（1単） 　　（　　　　　　　　　　　　　　　　　　　　　　）
2) leer（3複） 　　　　（　　　　　　　　　　　　　　　　　　　　　　）
3) ir（3単） 　　　　　（　　　　　　　　　　　　　　　　　　　　　　）
4) dar（1複） 　　　　（　　　　　　　　　　　　　　　　　　　　　　）
5) oír（2複） 　　　　（　　　　　　　　　　　　　　　　　　　　　　）
6) llamar（2単） 　　（　　　　　　　　　　　　　　　　　　　　　　）
7) decir（2複） 　　　（　　　　　　　　　　　　　　　　　　　　　　）
8) traer（1単） 　　　（　　　　　　　　　　　　　　　　　　　　　　）
9) resolver（1複） 　（　　　　　　　　　　　　　　　　　　　　　　）
10) llegar（3複） 　　（　　　　　　　　　　　　　　　　　　　　　　）
11) devolver（1単） 　（　　　　　　　　　　　　　　　　　　　　　　）
12) hacer（3単） 　　（　　　　　　　　　　　　　　　　　　　　　　）
13) volver（2単） 　　（　　　　　　　　　　　　　　　　　　　　　　）
14) cubrir（3複） 　　（　　　　　　　　　　　　　　　　　　　　　　）
15) venir（1複） 　　（　　　　　　　　　　　　　　　　　　　　　　）
16) poder（2複） 　　（　　　　　　　　　　　　　　　　　　　　　　）
17) abrir（1単） 　　（　　　　　　　　　　　　　　　　　　　　　　）
18) romper（2単） 　（　　　　　　　　　　　　　　　　　　　　　　）
19) ponerse（2複） 　（　　　　　　　　　　　　　　　　　　　　　　）
20) verse（3複） 　　（　　　　　　　　　　　　　　　　　　　　　　）

2 日本語に合うように、カッコ内の不定詞を接続法過去完了形に活用させましょう。

1) Me alegró que (**pasar**, *vosotros*　　　　　　　　　　) el examen.
　 私は君たちが試験に受かったことがうれしかった。

2) No creía que Carlos (**ir**　　　　　　　　　) al hospital.
　 私はカルロスが病院に行ったとは思っていなかった。

3) No era cierto que él (**leer**　　　　　　　　　) mi mensaje.
　 彼が私のメッセージを読んだということは本当ではなかった。

4) El profesor no pensaba que los alumnos (**terminar**　　　　　　　) las tareas.
　 先生は生徒たちが宿題を終えたとは思っていなかった。

5) Me alegré mucho de que el proyecto (**salir**　　　　　　　) bien.
　 私はそのプロジェクトがうまくいったのがとてもうれしかった。

86

就活・留学準備の強力な味方！

あなたのグローバル英語力を測定

新時代のオンラインテスト

銀行のセミナー・研修にも使われています

CNN GLENTS

留学・就活により役立つ新時代のオンラインテスト
CNN GLENTSは、CNNの生きた英語を使った

6) Me extrañaba que no te (**hacer**　　　　　　　　) caso.
　彼女が君のことを相手にしなかったことを私は変に思っていた。

7) Tenía miedo de que mi hijo (**perder**　　　　　　　　　) la llave.
　私は息子が鍵をなくしたのではないかと恐れていた。

8) Sentí que mi perro (**morir**se　　　　　　　　　) de repente.
　犬が急に死んでしまって私は悲しかった。

9) Era imposible que (**comprar**　　　　　　　　) una casa en Hawái.
　彼がハワイに家を買ったなんてありえないことだった。

10) Me sorprendió que Alberto (**dejar**　　　　　　　　) el trabajo.
　アルベルトが仕事を辞めてしまったことは私を驚かせた。

11) No era verdad que Ana (**casar**se　　　　　　　) con Manuel.
　アナがマヌエルと結婚したというのは本当ではなかった。

12) No creí que ellos (**volver**　　　　　　　) ya de España.
　私は彼らがスペインからもう戻ってきているとは思わなかった。

13) No había nadie que (**comprender**　　　　　　　　) su explicación.
　彼の説明を理解できた人は誰もいなかった。

14) Estaba contento de que (**conocer**se　　　　　　　).
　彼らが知り合いになって私はうれしかった。

15) No conocíamos a nadie que (**estar**　　　　　　　) en Argentina.
　アルゼンチンに行ったことがある人を私たちは誰も知らなかった。

16) Era natural que todavía no (**abrir**　　　　　　　) el restaurante.
　まだそのレストランが開いていないのは当たり前だった。

17) No creían que (**resolver**　　　　　　) el problema.
　彼らは私が問題を解いたとは思っていなかった。

18) Era una lástima que les (**decir**, *vosotros*　　　　　　　　) cosas así.
　君たちがそのようなことを彼らに言ったなんて残念なことだった。

19) No era seguro que sus amigos (**marchar**se　　　　　　　　) ya de Barcelona.
　彼女の友達がもうバルセロナを発ったかどうかははっきりしなかった。

20) Nos alegró mucho que (**conseguir**, *tú*　　　　　　　) esa beca.
　私たちは君がその奨学金を獲得したことがとてもうれしかった。

36

命令文

1 次の動詞をカッコ内の人称に合わせて肯定命令形に活用させましょう。

1) entrar (ustedes) (　　　　　　) 11) acompañar (ustedes) (　　　　　　)
2) escribir (tú) (　　　　　　) 12) dejar (tú) (　　　　　　)
3) abrir (vosotros) (　　　　　　) 13) preguntar (nosotros) (　　　　　　)
4) escuchar (nosotros) (　　　　　　) 14) subir (vosotros) (　　　　　　)
5) leer (usted) (　　　　　　) 15) contestar (usted) (　　　　　　)
6) comer (ustedes) (　　　　　　) 16) estudiar (tú) (　　　　　　)
7) cambiar (nosotros) (　　　　　　) 17) pasar (ustedes) (　　　　　　)
8) hablar (tú) (　　　　　　) 18) decidir (usted) (　　　　　　)
9) recibir (vosotros) (　　　　　　) 19) preparar (vosotros) (　　　　　　)
10) creer (usted) (　　　　　　) 20) tomar (ustedes) (　　　　　　)

2 次の動詞をカッコ内の人称に合わせて肯定命令形に活用させましょう。

1) jugar (usted) (　　　　　　) 11) recordar (vosotros) (　　　　　　)
2) conducir (ustedes) (　　　　　　) 12) ir (tú) (　　　　　　)
3) venir (tú) (　　　　　　) 13) empezar (nosotros) (　　　　　　)
4) salir (tú) (　　　　　　) 14) pedir (ustedes) (　　　　　　)
5) decir (nosotros) (　　　　　　) 15) traer (usted) (　　　　　　)
6) hacer (tú) (　　　　　　) 16) repetir (tú) (　　　　　　)
7) tener (tú) (　　　　　　) 17) oír (ustedes) (　　　　　　)
8) venir (ustedes) (　　　　　　) 18) dormir (usted) (　　　　　　)
9) poner (usted) (　　　　　　) 19) poner (tú) (　　　　　　)
10) decir (tú) (　　　　　　) 20) ir (ustedes) (　　　　　　)

3 次の動詞をカッコ内の人称に合わせて否定命令形に活用させましょう。

1) no escribir (usted) (　　　　　) 11) no cerrar (ustedes) (　　　　　)
2) no apagar (tú) (　　　　　) 12) no decir (usted) (　　　　　)
3) no pedir (vosotros) (　　　　　) 13) no volver (ustedes) (　　　　　)
4) no escribir (ustedes) (　　　　　) 14) no hacer (tú) (　　　　　)
5) no creer (tú) (　　　　　) 15) no salir (ustedes) (　　　　　)
6) no pedir (nosotros) (　　　　　) 16) no poner (nosotros) (　　　　　)
7) no perder (usted) (　　　　　) 17) no venir (ustedes) (　　　　　)
8) no dormir (vosotros) (　　　　　) 18) no ir (vosotros) (　　　　　)
9) no tener (tú) (　　　　　) 19) no construir (ustedes) (　　　　　)
10) no abrir (vosotros) (　　　　　) 20) no comprar (tú) (　　　　　)

4 次の動詞を肯定命令形に活用させ、さらに目的格人称代名詞を用いて書き換えましょう。

例）［**Enseñar**le, las fotos］.（tú）　→ *Enséñale las fotos.*
　　彼に写真を見せなさい。
　　→ *Enséñaselas.*
　　　彼にそれらを見せなさい。

1）［**Dar**me, tu número de teléfono］.（tú）　→＿＿＿＿　→＿＿＿＿
　電話番号を教えて。

2）［**Preparar**nos, los datos］.（usted）　→＿＿＿＿　→＿＿＿＿
　私たちにデータを用意してください。

3）［**Abrir**, la caja］.（vosotros）　→＿＿＿＿　→＿＿＿＿
　箱を開けて。

4）［**Leer**, las frases］.（ustedes）　→＿＿＿＿　→＿＿＿＿
　それらの文を読んでください。

5）［**Bajar**, la música］.（nosotros）　→＿＿＿＿　→＿＿＿＿
　音楽の音量を下げましょう。

6）［**Mostrar**me, los documentos］.（usted）→＿＿＿＿　→＿＿＿＿
　書類を見せてください。

7）［**Recoger**, la mesa］.（tú）　→＿＿＿＿　→＿＿＿＿
　食卓を片付けて。

8）［**Llevar**le, este paquete］.（usted）　→＿＿＿＿　→＿＿＿＿
　彼女にこの小包を持って行ってください。

9）［**Recordar**, la fecha］.（vosotros）　→＿＿＿＿　→＿＿＿＿
　その日付を覚えておきなさい。

10）［**Decir**les, cuándo es la reunión］.（tú）　→＿＿＿＿　→＿＿＿＿
　会議がいつか彼らに言って。

5 次の動詞を否定命令形に活用させ、さらに目的格人称代名詞を用いて書き換えましょう。

例）No ［**poner**, la tele］.（tú）　→ *No pongas la tele.*
　　テレビをつけないで。
　　→ *No la pongas.*
　　　それをつけないで。

1）No le ［**dar**, las llaves］.（vosotros）　→＿＿＿＿　→＿＿＿＿
　彼女に鍵を渡さないで。

2）No ［**traer**, el coche］.（tú）　→＿＿＿＿　→＿＿＿＿
　車で来ないで。

3) No [**olvidar**, la contraseña]. (ustedes)　→_ _ _ _ _ _ _ _ _ _ _ _ _ _ _　→　_ _ _ _ _ _ _ _ _ _ _ _ _ _ _

　　パスワードを忘れないでください。

4) No [**cerrar**, esas ventanas]. (nosotros)　→_ _ _ _ _ _ _ _ _ _ _ _ _ _ _　→　_ _ _ _ _ _ _ _ _ _ _ _ _ _ _

　　それらの窓を閉めないでおこう。

5) No les [**mandar**, estos archivos]. (usted)　→_ _ _ _ _ _ _ _ _ _ _ _ _ _ _　→　_ _ _ _ _ _ _ _ _ _ _ _ _ _ _

　　彼らにこれらのファイルを送らないでください。

6) No [**insultar**, a mis hermanos]. (vosotros)　→_ _ _ _ _ _ _ _ _ _ _ _ _ _ _　→　_ _ _ _ _ _ _ _ _ _ _ _ _ _ _

　　私の兄弟を侮辱するな。

7) No [**tocar**, el cuadro]. (ustedes)　　　　→_ _ _ _ _ _ _ _ _ _ _ _ _ _ _　→　_ _ _ _ _ _ _ _ _ _ _ _ _ _ _

　　その絵に触れないでください。

8) No [**aparcar**, la bicicleta] aquí. (usted)　→_ _ _ _ _ _ _ _ _ _ _ _ _ _ _　→　_ _ _ _ _ _ _ _ _ _ _ _ _ _ _

　　ここに自転車を停めないでください。

9) No [**lavar**, los platos] todavía. (tú)　　　→_ _ _ _ _ _ _ _ _ _ _ _ _ _ _　→　_ _ _ _ _ _ _ _ _ _ _ _ _ _ _

　　まだお皿を洗わないで。

10) No [**tratar**, a Beatriz] de esa manera. (vosotros)

　　ベアトリスをそんな風に扱わないで。　　　→_ _ _ _ _ _ _ _ _ _ _ _ _ _ _　→　_ _ _ _ _ _ _ _ _ _ _ _ _ _ _

6　次の再帰動詞をカッコ内の主語に合わせて肯定命令形に活用させましょう。

1) quedarse (vosotros)　　（　　　　　　　　　　　　　　）

2) levantarse (ustedes)　　（　　　　　　　　　　　　　　）

3) ponerse (tú)　　　　　　（　　　　　　　　　　　　　　）

4) quitarse (usted)　　　　（　　　　　　　　　　　　　　）

5) sentarse (nosotros)　　　（　　　　　　　　　　　　　　）

6) irse (ustedes)　　　　　（　　　　　　　　　　　　　　）

7) acostarse (vosotros)　　（　　　　　　　　　　　　　　）

8) lavarse (ustedes)　　　　（　　　　　　　　　　　　　　）

9) ducharse (tú)　　　　　（　　　　　　　　　　　　　　）

10) cortarse (usted)　　　　（　　　　　　　　　　　　　　）

7 次の再帰動詞をカッコ内の主語に合わせて否定命令形に活用させましょう。

1) no irse (tú)　　　　　　　(　　　　　　　　　　　　　)

2) no quitarse (ustedes)　　(　　　　　　　　　　　　　)

3) no levantarse (vosotros)　(　　　　　　　　　　　　　)

4) no quedarse (usted)　　　(　　　　　　　　　　　　　)

5) no casarse (tú)　　　　　(　　　　　　　　　　　　　)

6) no preocuparse (usted)　(　　　　　　　　　　　　　)

7) no sentarse (nosotros)　(　　　　　　　　　　　　　)

8) no ponerse (vosotros)　　(　　　　　　　　　　　　　)

9) no bañarse (tú)　　　　　(　　　　　　　　　　　　　)

10) no lavarse (usted)　　　(　　　　　　　　　　　　　)

8 日本語に合うように、カッコ内の不定詞を命令形に活用させましょう。

1) No (**ir**se, *vosotros*　　　　　　) todavía.
   まだ帰らないで。

2) (**Esperar**nos, *tú*　　　　　　) a la salida de metro.
   地下鉄の出口で待ってて。

3) (**Subir**, *ustedes*　　　　　　) por esta escalera.
   この階段からお上りください。

4) (**Leer**, *usted*　　　　　　) bien estas instrucciones.
   この説明書をよくお読みください。

5) (**Llamar**me, *tú*　　　　　　) más tarde.
   もっと後で電話して。

6) No les (**decir**, *ustedes*　　　　　　) nada todavía.
   まだ彼らに何も言わないでください。

7) (**Quedar**se, *nosotros*　　　　　　) aquí un rato más.
   もう少しここに残りましょう。

8) No (**tener**, *ustedes*　　　　　　) miedo.
   怖がらないでください。

9) No (**tocar**, *vosotros*　　　　　　) nada en esta sala.
   この部屋にあるものに何も触らないで。

10) (**Poner**se, *usted*　　　　　　) la mascarilla.
   マスクをしてください。

37

数　詞

1　数字をスペイン語で書きましょう。

1）48　_____

2）89　_____

3）106　_____

4）114　_____

5）260　_____

6）1.500　_____

7）2.713　_____

8）7.890　_____

9）11.000　_____

10）41.650　_____

11）100.000　_____

12）530.000　_____

13）1.000.000　_____

14）3.237.700　_____

15）23.209.000　_____

2　数字をスペイン語で書き入れましょう。

1）21　_____ euros

2）61　_____ páginas

3）531 _____ días

4）841 _____ personas

5）100 _____ yenes

3　数字をスペイン語で書き入れましょう。

1）El (69) _____ por ciento de los encuestados estaba
en contra de la nueva política.
アンケートの回答者の69％が新しい政策には反対だった。

2）Mi bisabuelo tiene (93) _____ años.
私の曽祖父は93歳です。

3）Esta chaqueta cuesta (120) _____ euros.
この上着は120ユーロする。

4）El Museo Nacional del Prado se fundó en (1819) _____ .
プラド美術館は1819年に設立された。

5）Esta ciudad tiene unos (5.000.000) _____ de habitantes.
この都市の人口は約500万だ。

4 序数の表を完成させましょう。

1.º primero	2.º	3.º	4.º	5.º
6.º	7.º	8.º octavo	9.º	10.º

5 序数をスペイン語で書き入れましょう。

1) Héctor vive en el (8.º) _____ piso.
   エクトルは8階に住んでいる。

2) ¿Cuál es el (2.º) _____ río más largo de Japón?
   日本で2番目に長い川は何ですか？

3) Esta es la (3.ª) _____ vez que visitamos Lima.
   私たちがリマを訪れるのはこれで3度目です。

4) Estábamos en la (10.ª) _____ fila.
   私たちは10列目にいました。

5) Paula fue la (1.ª) _____ en llegar a casa.
   パウラが一番に家に着いた。

6) El (6.º) _____ ejercicio es bastante difícil.
   6番目の問題はかなり難しい。

7) Mañana tomaremos el (1.º) _____ tren.
   明日は始発電車に乗ろう。

8) Eres la (4.ª) _____ persona que me lo dice.
   私にそれを言うのは君で4人目だ。

9) Es la (5.ª) _____ vez que lo he pedido en este restaurante.
   私がこのレストランでそれを注文するのは5回目だ。

10) A mi amigo le dieron el (3.º) _____ premio en el concurso.
    私の友人はコンクールで3等賞をもらった。

6 カッコ内には序数、下線には適切な語を枠内から選んで入れましょう。

capítulo, lección, persona, semestre, siglo

1) 9世紀   el (   ) _____

2) 2学期   el (   ) _____

3) 第4章   el (   ) _____

4) 第三者   la (   ) _____

5) 第7課   la (   ) _____

写真を「読む」③ Xochimilco, México（ソチミルコ・メキシコ）

Navega sin alcohol, toma precaución. ¡El turista, nuestro patrimonio!
「アルコールなしで航行しよう、注意しよう。」「観光客はわれわれの財産です！」

＊ソチミルコはメキシコ・シティーにある世界文化遺産。アステカ帝国の水路が残り、遊覧船による観光が盛ん。写真は漕ぎ手として働く人たちへの警告。

写真を「読む」④ Santiago, Chile（サンティアゴ・チリ）

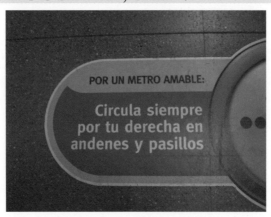

Por un metro amable: Circula siempre por tu derecha en andenes y pasillos.
「やさしい地下鉄のために：ホームと通路では常に右側通行してください。」

＊サンティアゴの地下鉄の駅の注意書き。乗車マナーを呼びかける標識が他にも多く見られる。

レベル2
Nivel 2

1

冠詞

1 カッコ内の選択肢（「−」は無冠詞を意味する）から正しいものを選んで、文全体を日本語にしましょう（複数の可能性あり）。

1) Hay (un / una / el / la / −) llave en la mesa. ¿Es tuya? — No, (un / una / el / la / −) mía es esta.

2) ¿Cuántas sillas hay? — Hay (unos / unas / los / las / −) veinte.

3) Oye, te voy a decir (un / una / el / la / −) cosa.

4) Tengo (un / una / el / la / −) hermano y (un / una / el / la / −) hermana. Son (unos / unas / los / las / −) estudiantes universitarios.

5) Pedro trabaja en (un / una / el / la / −) restaurante italiano. Es (un / una / el / la / −) cocinero.

6) (Unos / Unas / Los / Las / −) perros son animales muy inteligentes.

7) Hoy hace (un / una / el / la / −) calor, ¿verdad? — Sí, además hay (un / una / el / la / −) humedad.

8) ¿Te duele (un / una / el / la / −) cabeza? — No. Tengo (un / una / el / la / −) dolor de (unos / unas / los / las / −) muelas.

9) ¿Te gusta (un / una / el / la / −) vino? — Sí, me gusta mucho (un / una / el / la / −) vino tinto. Pero no me gusta mucho (un / una / el / la / −) sangría.

10) Ya es de (un / una / el / la / −) noche. Vamos a encender (un / una / el / la / −) luz.

2 必要に応じてカッコ内に適切な冠詞を入れましょう（無冠詞の場合には「−」を記入すること）。

1) Tenemos clase de inglés (　　　　　　　　　) lunes y (　　　　　　　　　) miércoles.
毎週月曜日と水曜日に英語の授業があります。

2) He comprado esta camisa por (　　　　　　　　) ochenta euros.
私はこのシャツを80ユーロで買いました。

3) Segovia está a (   ) cincuenta kilómetros de aquí.

    セゴビアはここから約50キロのところにあります。

4) Si tienes (   ) prisa, te llevaré en (   ) coche a la estación.

    もし急いでいるのなら、駅まで車で送ってあげるよ。

5) José es el chico con (   ) que viajé el mes pasado.

    ホセは私が先月一緒に旅行をした男の子です。

3 日本語に合うように、カッコ内の選択肢（「－」は無冠詞を意味する）から正しいものを選びましょう（複数の可能性あり）。

1) ¿Tiene usted (unos / unas / los / las / sus / －) hijos? — Sí, tengo (un / una / el / la / mi / －) hija.

    お子さんはいますか？―はい、娘が1人います。

2) Te has cortado (un / una / el / la / tu / －) pelo, ¿no?

    髪を切ったでしょ？

3) Este libro es más difícil que (un / una / el / la / mi / －) que leí la semana pasada.

    この本は先週読んだのよりも難しい。

4) ¿Tienes (un / una / el / la / －) hora? — Son (unos / unas / los / las / －) nueve menos diez.

    今何時か分かる？―9時10分前です。

5) Queremos que mejore (un / una / el / la / －) situación.

    状況が改善することを望んでいます。

4 スペイン語にしましょう。

1) 寒くない？窓を閉めようか？

2) 今日は5月5日です。

3) 私が起きたときには、まだ太陽は昇っていなかった。

4) カナリア諸島（las islas Canarias）はどこにありますか？

5) 私たちはできる限りのことをするつもりです。

2 動詞の用法

1️⃣ 日本語に合うように、**ser/estar/haber** から動詞を選び、適切な活用形にして入れましょう。

1) ¿(   ) estudiantes de Latinoamérica? — Sí, (   ) unos diez.

ラテンアメリカ出身の学生はいるの？—うん、10人くらいいるよ。

2) ¿Dónde (   ) la ceremonia de graduación?

卒業式はどこでありますか？

3) ¿De qué curso (   )? ¿(   ) de segundo? —No. (   ) en tercero.

彼は何年生？2年生？—いや、3年だ。

4) María Jesús no (   ) en casa. — Claro, (   ) de viaje de negocios.

マリア・ヘススが家にいないよ。—だろうね。出張中だから。

5) Allí (   ) varios edificios antes. Ahora (   ) un parque.

そこには以前はいくつかビルがあった。今は公園になっている。

6) Hola, Ana, ¿qué (   )? — ¡Bien! ¿Y tú, Paco, cómo (   )?

やあ、アナ、どう？—元気だよ。パコは？元気？

7) ¿Sabes que la semana pasada (   ) terremotos en el norte de la prefectura? — Sí, claro. (   ) allí por trabajo. —Vi en la tele que (   ) varias casas destrozadas.

先週県北部で地震があったのを知ってる？—もちろんだよ。僕は仕事でそこにいたからね。—いくつもの家が壊れているのをテレビで見たよ。

8) ¿Quién (   ) ese chico? —(   ) el hijo de Gloria. Ahora (   ) de vacaciones en el pueblo.

あの子は誰？—グロリアの息子です。今帰省中なんですよ。

9) ¿Dónde (   ) su hotel? —(   ) en el centro. (   ) muy cómodo para hacer turismo.

あなたのホテルはどこですか？—都心です。観光するのにとても便利です。

10) ¿Cuánto tiempo (*ustedes*   ) en Medellín? —(   ) una semana. (   ) un viaje maravilloso.

（あなた方は）メデジンにどれくらいいたんですか？—1週間です。すばらしい旅でした。

2 日本語に合うように、必要に応じてカッコ内の不定詞を適切な形にしましょう。

1) El trabajo (**tener**　　　　　　　) que (**estar**　　　　　　　　) escrito en inglés.
レポートは英語で書かれていなければならない。

2) Manolo (**estar**　　　　　　　) (**leer**　　　　　　　　) una novela japonesa ahora.
今マノロは日本の小説を読んでいる。

3) ¿(**Oír**, *vosotros*　　　　　　　) (**cantar**　　　　　　　) a Diego?
ディエゴが歌うのを聞いたことある？

4) No, no (**poder**　　　　　　　) ser.
いや、そんなはずはない。

5) ¡(**Haber**　　　　　　　) que (**ver**　　　　　　　) cómo le gusta el fútbol!
彼のサッカーが好きなことと言ったら！

6) ¿Qué (**querer**　　　　　　　) (**decir**　　　　　　　) eso?
それはどういう意味ですか？

7) La que ha llamado (**deber**　　　　　　　) de (**ser**　　　　　　　) la sobrina de Javier.
電話をくれたのは、ハビエルの姪に違いない。

8) Los niños (**echar**se　　　　　　　) a (**reír**　　　　　　　).
子供たちは急に笑い出した。

9) La temperatura (**ir**　　　　　　　) (**bajar**　　　　　　　) poco a poco.
気温は少しずつ下がっていっている。

10) Tu madre (**seguir**　　　　　　　) (**ser**　　　　　　　) amable.
君のお母さんは相変わらず親切だね。

3 スペイン語にしましょう。

1) スープは少し冷めている。

2) 9時半だ。まだ早い。

3) エドゥアルド（Eduardo）はとても忙しいに違いない。

4) このコーヒーは熱くない。

5) 私の姉は古い友達と再婚した。（再び〜する volver a...）

3 感嘆文・疑問文

1 日本語に合うように、カッコ内に適切な語を1つ入れましょう。

1) ¿Te (　　　　　　　　) que cierre la ventana? — No, ciérrala.
窓を閉めてもかまいませんか？―かまわないよ、閉めて。

2) ¿(　　　　　　　　) usted hacerme otro favor?
あなたにもう1つお願いをしてもよろしいでしょうか。

3) ¿(　　　　　　　　) algo más? — Nada más, gracias.
他に何か欲しいものはありますか？―いいえ、結構です。

4) ¿(　　　　　　) (　　　　　　　　) no viniste ayer?
どうして君は昨日来なかったんだい？

5) ¿(　　　　　　　　) te parece esta camiseta?
このTシャツはどうＴ思いますか？

6) ¿Por (　　　　　　　　) empezamos hoy?
今日はどこから始めようか？

7) ¿(　　　　　　) (　　　　　　　　) se le ocurrió la idea?
誰がそのアイデアを思いついたんだい？

8) ¿(　　　　　　) y (　　　　　　　　) son las ciudades extranjeras que conoces?
君が知っている外国の都市はいくつあって、それらはどこですか？

9) La abuela me preguntó (　　　　　　　　) tenía hambre.
祖母は私にお腹がすいているかと尋ねた。

10) ¿Sabes (　　　　　　) (　　　　　　　　) está enfadada Pili?
ピリは誰に腹を立てているんだい？

11) No entiendo (　　　　　　　　) pudieron hacerlo solos.
彼らがどうやって自分たちだけでそれをすることができたのか分からない。

12) Me sentía sola sin saber a (　　　　　　　　) pedirle ayuda.
誰に助けを求めていいか分からず、私は孤独に感じていた。

13) No sabíamos con (　　　　　　) hablar ni (　　　　　　) ir.
私たちは誰と話せばいいか、どこに行けばいいか分からなかった。

14) Estoy pensando (　　　　　　　　) llamarla ahora o no.
彼女に今電話をするべきかどうか考えているところだよ。

15) ¿(　　　　　　　　) años crees que tiene este personaje?
君はこの登場人物が何歳だと思っているんだい？

2 日本語に合うように、カッコ内に適切な語を1つ入れましょう。

1) ¡(　　　　　　　　) tiempo (　　　　　　　　　) veros!
   君たち久しぶりだね！

2) ¡(　　　　　　　　) tonterías estás haciendo!
   何て馬鹿なことをしているんだ！

3) ¡(　　　　　　　　) pesado es Emilio!
   エミリオは何てしつこいんだ！

4) ¡(　　　　　　　　) de gente hay en la playa!
   ビーチには何て人が多いんだ！

5) ¡(　　　　　　　) (　　　　　　　　) canta tu hijo!
   君の息子は何て歌がうまいんだ！

6) ¡(　　　　　　　) sed tengo yo!
   のどがカラカラだ！

7) ¡(　　　　　　) película (　　　　　　　) divertida!
   何て面白い映画だろう！

8) ¡No sabéis (　　　　　　　　) os echaba de menos!
   どんなに君たちを懐かしく思っていたか分からないでしょうね！

9) ¡Hay que ver (　　　　　　) niños (　　　　　　　) educados!
   何てお行儀のいい子供たちでしょう！

10) ¡Mira (　　　　　　　) perro (　　　　　　　) bonito!
    何てかわいい犬でしょう！

3 スペイン語にしましょう。

1) 君と会えて何てうれしいんだ！

2) あなたはどちらにお住まいですか？そして電話番号は何番ですか？

3) 何て近代的なホテルだ！

4) 私は誰に電話をすればいいか分からなかった。

5) 今日は何て眠いんだ！

4

現在完了・点過去

1 日本語に合うように、枠内から動詞を選び、直説法現在完了形に活用させて入れましょう。

> empezar, estar, explicar, hacer, nevar, salir, trabajar, ver, viajar, volver

1) ¿(*Tú*　　　　　　　　　　) ya los deberes?
　君はもう宿題をした？

2) Este mes (　　　　　　　　　　) mucho.
　今月私たちはたくさん働いた。

3) ¿A qué hora (　　　　　　　　　　) usted de casa esta mañana?
　今朝何時に家を出ましたか？

4) Todavía no (　　　　　　　　　　) la clase de conversación.
　まだ会話の授業は始まっていない。

5) Este invierno (　　　　　　　　　　) mucho.
　この冬は雪がたくさん降った。

6) Mi hermano ya (　　　　　　　　　　) del viaje.
　兄はもう旅行から戻った。

7) ¿(*Vosotros*　　　　　　　　　　) alguna película española?
　君たちはスペインの映画を何か見たことがある？

8) Te lo (　　　　　　　　　　) mil veces.
　僕は君にそのことを何度も説明したよ。

9) Mis padres (　　　　　　　　　　) una vez por Europa.
　私の両親はヨーロッパを旅行したことが1度ある。

10) ¿(*Tú*　　　　　　　　　　) alguna vez en Cuba?
　君はこれまでにキューバに行ったことはある？

2 日本語に合うように、枠内から動詞を選び、直説法点過去形に活用させて入れましょう。

> acostarse, casarse, comprar, ducharse, gustar, hacer, llamar, nacer, pasar, tener

1) Me (　　　　　　　　　　) mucho el Museo del Prado.
　私はプラド美術館がとても気に入った。

2) Anoche (　　　　　　　　　　) antes de las once.
　昨夜私は11時前に寝た。

3) (　　　　　　　　　　) que quedarnos en casa todo el día.
　私たちは一日中家にいなければならなかった。

4) Ayer Manuel me (   ) por teléfono.
昨日マヌエルから電話があった。

5) (   ) el mes pasado.
私たちは先月結婚した。

6) ¿Qué (*vosotros*   ) el sábado pasado?
君たちは先週の土曜日何をしたの？

7) ¿Dónde (   ) tu abuelo?
君のおじいさんはどこで生まれたの？

8) Al final no (   ) nada en la tienda.
結局その店で私は何も買わなかった。

9) Carlos (   ) antes de desayunar.
カルロスは朝食の前にシャワーを浴びた。

10) El verano pasado ellos (   ) las vacaciones en Alicante.
昨年の夏彼らは休暇をアリカンテで過ごした。

3 日本語に合うように、カッコ内の不定詞を現在完了形または点過去形に活用させましょう。

1) Nunca (**ver**   ) una película tan divertida.
こんなに面白い映画を私はこれまでに見たことがない。

2) El año pasado mi hijo (**entrar**   ) en la universidad.
昨年私の息子は大学に入学しました。

3) Hace una semana que (**saber**   ) la noticia.
私がそのニュースを知って1週間になります。

4) El tren (**salir**   ) hace poco.
電車は少し前に出発した。

5) Esta mañana no (**desayunar**   ).
今朝私は朝食を取らなかった。

4 スペイン語にしましょう。

1) 今月はあまり雨が降らなかった。

2) 昨夜私の父はとても遅くに帰宅した。

3) 君はもうこの小説を読んだ？

4) 私たちは昨年パラグアイに行きました。

5) 先週私は祖父母を訪ねた。

103

5

点過去・線過去

1 日本語に合うように、a)、b) 各文のカッコ内の不定詞を点過去形または線過去形に活用させましょう。

1) a) Mientras yo (**estudiar**   ) en la biblioteca, mis amigos cantaban en un karaoke.
   私が図書館で勉強している間、友人たちはカラオケで歌っていた。

   b) Ayer (**estudiar**, *yo*   ) dos horas.
   昨日は2時間勉強した。

2) a) (**Tener**   ) que ir en tren, pero fueron en taxi.
   彼らは電車で行かないといけなかったが、タクシーで行った。

   b) (**Tener**   ) que ir en taxi para llegar a tiempo.
   彼らは時間に間に合うようにタクシーで行かなければならなかった。

3) a) Era la una y cuarto cuando (**llegar**   ) a casa.
   私たちが家に着いたとき、1時15分だった。

   b) (**Llegar**   ) a casa cuando llamó Carlos.
   カルロスが電話をしてきたとき、私たちは家に着くところだった。

4) a) ¿Cuándo lo (**saber**, *vosotros*   )?
   君たちはそのことをいつ知ったんですか？

   b) Me dijeron que no lo (**saber**, *vosotros*   ).
   彼らは私に君たちはそのことを知らないと言った。

5) a) Nosotros (**ir**   ) a Seúl todos los veranos.
   私たちは毎年夏にはソウルに行ったものだ。

   b) Nosotros (**ir**   ) a París el verano pasado.
   私たちは昨年の夏パリに行った。

2 日本語に合うように、カッコ内の不定詞を点過去形または線過去形に活用させましょう。

1) De pequeños, mis hijos (**jugar**   ) con ellos.
   小さい頃私の子供たちは彼らと遊んでいた。

2) Ángela y su pareja (**ir**se   ) a vivir en las afueras.
   アンヘラとパートナーは郊外に引っ越した。

3) Los sábados nosotros (**salir**   ) de copas por la noche.
   毎週土曜の夜は飲みに出かけたものだ。

4) En el museo arqueológico (**haber**   ) mucha gente.
   考古学博物館にはたくさんの人がいた。

5) El otro día (**encontrar**se   ) con Cris en el supermercado.

先日私はスーパーでクリスと偶然会った。

6) (**Haber**   ) un cambio de gobierno cuando

   (**vivir**   ) en Canadá.

私たちがカナダに住んでいるとき、政権交代があった。

7) Al entrar en la habitación (**encender**   ) la luz.

部屋に入ると、私は電気をつけた。

8) Antes me (**gustar**   ) más comer fuera.

以前は外食するのがもっと好きだった。

9) Miguel nos dijo que no (**querer**   ) dejar la ciudad.

ミゲルは町を離れたくないと言った。

10) Los padres de Raquel (**trabajar**   ) cuarenta años como peluqueros.

ラケルの両親は40年間美容師として働いた。

11) Ayer (**estar**   ) nublado todo el día.

昨日は一日中曇っていた。

12) Su nieto (**hacer**se   ) enfermero.

彼らの孫は看護師になった。

13) Cuando (**despertar**se, *yo*   ), mi perro (**estar**   )

durmiendo a mi lado.

目を覚ましたら、犬が隣で寝ていた。

14) Entonces Alfonso no (**salir**   ) con Santiago todavía.

アルフォンソはその時まだサンティアゴと付き合っていなかった。

15) Terminó la guerra, pero la gente no (**poder**   ) pensar en el futuro.

戦争が終わったが、人々は将来のことを考えられなかった。

3 スペイン語にしましょう。

1) 彼女が学んだ大学には多くの外国人学生がいた。

2) 祖母は毎朝私たちに朝食を用意してくれていた。

3) ルシア（Lucía）はとてものどが渇いていると言った。

4) 先週末私たちはロドリゴ（Rodrigo）のお父さんと知り合った。

5) 昨日は雨だったので、私は家にいた。

6

完了時制

1 枠内から動詞を選び、未来完了形に活用させて入れ、文全体を日本語にしましょう。

acostarse, dejar, equivocarse, pasar, ver

1) No hay nadie en la sala. ¿(*Yo*   ) de hora?

2) ¿Has vuelto de Italia? (   ) muchas cosas interesantes.

3) Juan tiene cara triste. ¿Qué le (   )?

4) Nadie lleva paraguas. Ya (   ) de llover.

5) La luz está encendida. Los niños todavía no (   ).

2 枠内から動詞を選び、過去未来完了形に活用させて入れ、文全体を日本語にしましょう。

decir, entregar, estar, terminar, volver

1) La llamé, pero no contestó. Todavía no (   ) la reunión.

2) Es raro que no estén en casa. Me decían que (   ) antes de las ocho.

3) Parecía que Marta conocía bien el lugar. ¿(   ) allí antes?

4) Creía que Luis te (   ) el informe antes de salir de viaje.

5) ¿Los visitaste sin ningún aviso? Yo en tu lugar se lo (   )
de antemano.

3 カッコ内の不定詞を直説法現在完了形または直説法過去完了形に活用させ、文全体を日本語にしましょう。

1) Esteban me (**decir**   ) que viene mañana.

2) No contestaron a la pregunta que les (**hacer**   ) el alumno.

3) ¿Te (**interesar**   ) la clase de hoy?

4) Llegué allí diez minutos tarde, pero la conferencia todavía no (**empezar**   ).

5) Este fin de semana el tifón no nos (**dejar**   ) salir.

4 カッコ内の不定詞を未来完了形または過去未来完了形に活用させ、文全体を日本語にしましょう。

1) ¿Por qué no ha llegado Julián todavía? — No sé... (**Olvidar**se   ) de la fiesta.

2) El señor González me decía que (**leer**   ) mi artículo para el viernes.

3) Cuando volví a la sala, no había nadie. Ya (**ir**se   ) todos.

4) Antes de la cena (**terminar**, *nosotros*   ) de hacer las maletas.

5) No encuentro la llave del coche. ¿La (**dejar**   ) en la oficina?

5 スペイン語にしましょう。

1) ハイメ（Jaime）は8時のバスに乗り遅れたのでしょう。（乗り遅れる　perder）

2) 私は父が贈ってくれた時計を盗まれてしまった。

3) 私たちはその時間には目的地（destino）に到着しているだろうと考えていた。

4) 会議は10時前には終わっているでしょう。

5) マルタ（Marta）が小学校（primaria）に入ったとき、彼女の妹はまだ生まれていなかったでしょう。

7

継続表現

1 日本語に合うように、カッコ内に適切な語を1つずつ入れましょう。

1) (　　　　　　　　　) un año (　　　　　　　　　) (　　　　　　　　　) sola.
私は一人暮らしをして1年になります。

2) Mi hija aprende flamenco (　　　　　　　　　) (　　　　　　　　　) seis meses.
私の娘は6か月前からフラメンコを習っています。

3) (　　　　　　　　　) mucho (　　　　　　　　　) nos conocemos.
私たちは知り合ってずいぶん経つ。

4) (　　　　　　　　　) dos años (　　　　　　　　　) (　　　　　　　　　)
en esa ciudad cuando (　　　　　　　　　) su hija.
娘が生まれたとき、彼女がその町に住んで2年になっていた。

5) Julián (　　　　　　　　　) tres años (　　　　　　　　　) en esta compañía.
フリアンはこの会社で働いて3年になります。

6) ¿Cuánto tiempo (　　　　　　　　　) (　　　　　　　　　) (　　　　　　　　　) al fútbol?
君たちはサッカーをやってどれくらいになるの？

7) (　　　　　　　　　) un rato (　　　　　　　　　) ha (　　　　　　　　　) de llover.
少し前に雨がやんだ。

8) (　　　　　　　　　) unos meses (　　　　　　　　　) se (　　　　　　　　　) ido a Brasil.
彼がブラジルに行ってしまってから数ヶ月が経っていた。

9) Lola llevaba cuatro meses (　　　　　　　　　) en Chile cuando (　　　　　　　　　) a Antonio.
アントニオと知り合ったとき、ロラはチリに暮らして4ヶ月だった。

10) Mi tío (　　　　　　　　　) (　　　　　　　　　) cinco años.
私のおじは5年前に亡くなった。

2 同じ意味になるように文を書き換えましょう。

1) Mi hermano lleva cuatro años estudiando Medicina.
兄は医学を勉強して4年になる。
→ Hace (　　　　　　　　　　　　　　　　　　　　　　　　　　　　).

2) ¿Cuántos años llevan usando esta lavadora?
あなた方はこの洗濯機を使って何年になりますか？
→ ¿Cuántos años hace (　　　　　　　　　　　　　　　　　　　　　　　)?

3) Hace treinta años que emigraron a Perú.

彼らがペルーに移住して30年になる。

→ Emigraron a Perú (　　　　　　　　　　　　　　　　　　　　).

4) Estamos aquí desde hace una hora.

私たちは1時間前からここにいます。

→ Hace (　　　　　　　　　　　　　　　　　　　　　　　　　).

5) Hacía dos años que estudiaba español cuando fui a España por primera vez.

初めてスペインに行ったとき、私はスペイン語を勉強して2年だった。

→ Llevaba (　　　　　　　　　　　　　　　　　　　　　　　).

3 日本語に合うように、語を並べ替えて文を作りましょう。

1) ペパには長いこと会っていない。

[a, desde, hace, mucho, no, Pepa, tiempo, veo].

→

2) 私たちの娘は小さい頃から英語を勉強していた。

[desde, estudiando, hija, inglés, llevaba, nuestra, pequeña].

→

3) テニスの試合は10分前に始まった。

[comenzado, de, diez, el, ha, hace, minutos, partido, tenis].

→

4) 2，3日前にゴメス氏が私たちを訪ねてきた。

[días, dos, Gómez, hace, la, nos, o, señora, tres, visitó].

→

5) 私がその手紙を受け取ったとき、彼女が出て行ってからだいぶ経っていた。

[carta, cuando, esa, había, hacía, marchado, mucho, que, recibí, se].

→

4 スペイン語にしましょう。

1) 彼らは10年以上一緒に働いている。

2) 君はどれくらいミゲル（Miguel）を待っているの？

3) カルロス（Carlos）は2ヶ月前から日本を旅行しています。

4) 私たちはこのコンピューターを3年前に買いました。

5) そのとき私は転職して1週間でした。（転職する　cambiar de trabajo）

8

未来・過去未来

1 日本語に合うように、カッコ内の不定詞を未来形または過去未来形に活用させましょう。

1) Sonia (**poner**se _____) muy contenta con el regalo.
ソニアはプレゼントをとても喜ぶだろう。

2) Nos prometieron que nos (**cambiar**, *ellos* _____) de fecha.
日程を変更すると私たちは約束してもらった。

3) ¿De verdad te dijo Mario que (**venir** _____) con nosotros?
本当にマリオは君に私たちと一緒に来るって言ったの？

4) ¿Vosotros (**ir** _____) en coche?
君たちは車で行くつもり？

5) Me (**gustar** _____) probar suerte en el mundo de los negocios.
私はビジネスの世界で運を試してみたい。

6) Seguro que Mónica (**decir** _____) que sí.
モニカは絶対に OK と言うだろう。

7) ¿Pensasteis que Fernando (**hacer** _____) algo así?
君たちはフェルナンドがそんなことをするだろうと思ったの？

8) (**Deber**, *tú* _____) ser más amable con ellas.
彼女たちに対してもっと優しくするべきじゃないかな。

9) Rosa dice que hoy no (**llover** _____).
ロサは今日は雨が降らないだろうと言っている。

10) Mi mujer (**estar** _____) en la oficina todavía.
妻はまだオフィスにいるだろう。

2 例にならって、文の続きを作りましょう。

例) Ramón dice que estudiará Derecho. ラモンは法学を勉強すると言っている。
→ Ramón dijo que (*estudiaría Derecho*). ラモンは法学を勉強すると言った。

1) Tengo que avisar al restaurante cuántos seremos en total.
レストランに全部で何人になる予定かを知らせないといけない。
→ Tuve que avisar al restaurante (_____).

2) Ellos me prometen que no volverán a cometer el mismo error.
彼らは同じ間違いを再び犯さないと私に約束する。
→ Ellos me prometieron que no (_____).

3) Luisa dice que no habrá más oportunidades.
ルイサはもうチャンスはないだろうと言っている。
→ Luisa dijo que no (_____).

4) En la tele dicen que nevará en muchas regiones del país.

   国の多くの地方で雪が降るだろうとテレビで言っている。

   → En la tele decían que (   ).

5) Me ha escrito Enrique que llegará a las once.

   エンリケは11時に着くと私に書いてよこした。

   → Me escribió Enrique que (   ).

3️⃣ 例にならって、文の続きを作りましょう。

例) Raúl dijo que iría a Perú.　ラウルはペルーに行くつもりだと言った。

　　→ Raúl dice que (*irá a Perú*).　ラウルはペルーに行くつもりだと言っている。

1) Óscar y Jordi me dijeron que subirían al monte Fuji durante el viaje.

   オスカルとジョルディは旅行中に富士山に登るつもりだと私に言った。

   → Óscar y Jordi me dicen que (   ).

2) Oímos que habría una visita oficial del príncipe.

   私たちは皇太子の公式訪問があると聞いた。

   → Hemos oído que (   ).

3) Sara me contó que dejaría a Diana.

   サラはディアナと別れるつもりだと私に話した。

   → Sara me cuenta que (   ).

4) Nos prometieron que nos prepararían los presupuestos cuanto antes.

   あなた方はできるだけ早く予算を準備すると私たちに約束しました。

   → Nos han prometido que nos (   ).

5) ¿Olga os preguntó dónde pasaríais las vacaciones?

   君たちがどこで休暇を過ごす予定かオルガに聞かれた？

   → ¿Olga os ha preguntado (   )?

4️⃣ スペイン語にしましょう。

1) ガルシア（García）さんとお話ししたいのですが。

2) 明日は寒いかなあ。

3) 彼は（彼の）両親がすごく怒るだろうと私に言った。

4) 君に二度と嘘をつかないと約束するよ。

5) ビクトル（Víctor）はまだ自分の部屋で眠っているだろう。

9

知覚・使役構文

❶ 日本語に合うように、語を並べ替えて文を作りましょう。

1) 私は誰かが日本の歌を歌うのを聞いた。

[a, alguien, canción, cantar, japonesa, oí, una].

→

2) 私は君がこの試合でプレーしているところを見たい。

[en, este, jugando, partido, quiero, verte].

→

3) 私たちは君が彼女と踊るのを1度見たことがある。

[bailar, con, ella, hemos, te, una, vez, visto].

→

4) 私たちは彼女が子供たちに本を読んでやっているのを見つめていた。

[a, la, leyendo, libro, los, mirábamos, niños, un].

→

5) 突然、私たちは地面が揺れるのを感じた。

[de, la, repente, sentimos, temblar, tierra].

→

❷ 日本語に合うように、語を並べ替えて文を作りましょう。

1) アリシアはいつも弟たちを笑わせていた。

[a, Alicia, hacía, hermanos, reír, siempre, sus].

→

2) （君は）私たちに少しこの件について考えさせてください。

[asunto, déjanos, este, pensar, poco, sobre, un].

→

3) 私たちは君たちをこれ以上待たせたくありません。

[esperar, haceros, más, no, queremos].

→

4) あの日両親は私たちだけで外出させてくれなかった。

[aquel, dejaron, día, no, nos, nuestros, padres, salir, solos].

→

5) この歌で彼女は気分が良くなった。

[bien, canción, esta, ha, hecho, la, sentir].

→

3 下線部を目的格人称代名詞にかえて、質問に対する答えの文を作りましょう。

1) ¿Hiciste limpiar tu habitación a tu hermano?
   – No,

2) ¿Has visto a Teresa y Laura estudiando con Ángel?
   – No,

3) ¿Dejasteis vivir sola a vuestra hija?
   – Sí,

4) ¿Vieron ustedes a Samuel e Iván jugando allí?
   – Sí,

5) ¿Habéis oído tocar el piano a Alba?
   – No,

4 スペイン語にしましょう。

1) ［ustedes に対して］どうか私に彼らと話をさせてください。

2) 昨夜私たちは誰かが階段を上るのを見た。

3) このお話（historia）は世界中（の人）を泣かせるだろう。

4) 私たちは彼がある男と口論するのを見たことがある。（口論する　discutir）

5) ビクトリア（Victoria）が誰かと電話で話しているのが（私には）聞こえる。

10 人称代名詞

1 日本語に合うように、カッコ内に適切な人称代名詞を入れましょう。

1) Roberto come más que (　　　　　　　　　).

　ロベルトは君よりたくさん食べる。

2) Ayer (　　　　　　　　　) robaron la bicicleta.

　昨日彼は自転車を盗まれた。

3) ¿No (　　　　　　　　) pones el abrigo? —No, no (　　　　　　　　)
　(　　　　　　　　) pongo, porque hoy no hace tanto frío.

　コートを着ないの？—着ないよ、今日はそれほど寒くないから。

4) A mi hermana (　　　　　　　) gusta esquiar, pero a (　　　　　　　) no me gusta.

　私の姉はスキーをするのが好きですが、私は好きではありません。

5) Este paquete es para (　　　　　　　　　).

　この小包は君宛てだよ。

6) ¿Dónde está Elena? — No sé. (　　　　　　　　　) estoy buscando desde por la mañana.

　エレナはどこにいるの？—分からない。朝から探しているんだ。

7) ¿Qué (　　　　　　　) pasa? — (　　　　　　　) (　　　　　　　) ha
　perdido la llave.

　君、どうしたの？—鍵をなくしちゃったの。

8) (　　　　　　　　) siento, pero el profesor Pérez (　　　　　　　) ha ido ya.

　残念ですが、ペレス先生はもう行ってしまいました。

9) (　　　　　　　) (　　　　　　　) ha ocurrido una buena idea.

　私はいい考えを思いついた。

10) ¿Me prestas el bolígrafo? — Sí, aquí (　　　　　　　) tienes.

　ボールペンを貸してくれる？—はい、どうぞ。

2 下線部を目的格人称代名詞にかえて文を書き換え、日本語にしましょう。

1) Natalia se puso pálida al saber la noticia.　→ ----------------------------------

2) Quiero saludar a tus padres.　→ ----------------------------------

3) Estamos esperando a Ramiro.　→ ----------------------------------

4) Esta tarde voy a cortarme el pelo.　→ ----------------------------------

5) Los niños siguen viendo la televisión.　→ ----------------------------------

6) Mariano, enciende la luz. → ----------------------------------

7) Ana, enseña las fotos a Inés. → ----------------------------------

8) Quítate la chaqueta. → ----------------------------------

9) Lavaos las manos. → ----------------------------------

10) No pongas la calefacción. → ----------------------------------

3 日本語に合うように、語を並べ替えて文を作りましょう。

1) 君は明日早起きしなければならないの？

¿[levantar, mañana, que, te, temprano, tienes]?

→

2) 私はバスの中で切符を落としてしまった。

[autobús, billete, caído, el, el, en, ha, me, se].

→

3) 彼は一昨日歯医者に行くのを忘れてしまった。

[al, anteayer, dentista, ir, le, olvidó, se].

→

4) 君たちはこのピカソの絵をどう思う？

¿[cuadros, de, estos, os, parecen, Picasso, qué]?

→

5) 君の妹はなぜ僕に腹を立てているんだろう？

¿[conmigo, enfadada, está, hermana, por, qué, tu]?

→

4 スペイン語にしましょう。

1) ルイス（Luis）は私より年下です。

2) 私たちはお腹がすいて死にそうだ。

3) 君に私の母を紹介します。

4) 私たちを駅まで連れていってくれる？―いいよ、車で送ってあげるよ。

5) 君の電話番号を教えてくれる？―うん、教えてあげるよ。

115

11

前置詞

1 **a, de, en, con** の中から適切な前置詞を選んでカッコ内に入れ、文全体を日本語にしましょう。

1) Mi hermana empezó (　　　　) salir (　　　　) Julia (　　　　) los veinte años.

2) Muchos (　　　　) los participantes son (　　　　) países hispanohablantes.

3) Nacho trabajó (　　　　) camarero (　　　　) Londres (　　　　) el verano (　　　　) 2015.

4) El autobús llegó (　　　　) Santiago (　　　　) las ocho (　　　　) un poco de retraso.

5) ¿Se puede pagar (　　　　) tarjeta o solo (　　　　) efectivo?

2 カッコ内の選択肢から正しい前置詞を選び、日本語にしましょう。

1) (Para / Según) la prensa, el índice de popularidad de la oposición ha subido.

2) Habremos revisado los datos (para / por) el próximo jueves.

3) Mi familia va a estar en Tokio (hasta / para) este domingo.

4) Las patatas están (a / en) dos euros el kilo hoy.

5) (Para / Por) esa razón tuve que cancelar la entrevista.

6) La ceremonia terminó (hacia / hasta) las ocho.

7) El desayuno está disponible (durante / entre) las siete y las diez.

8) Estoy trabajando en esta oficina (de / desde) hace dos meses.

9) Este gel sirve (para / por) desinfectar las manos.

10) Rodrigo hizo la tarea (durante / en) tres días.

3 日本語に合うように、適切な前置詞を入れましょう。

1) El bebé ha dejado (　　　　　　　) llorar.
   赤ちゃんが泣き止んだ。

2) ¿(　　　　　　　) qué se dedica usted?
   あなたのご職業は何ですか？

3) Huele (　　　　　　　) quemado, ¿no?
   こげくさいですよね？

4) Vicente siempre toma cerveza (　　　　　　　) alcohol.
   ビセンテはいつもノンアルコールビールを飲む。

5) Ángel se echó (　　　　　　　) reír con la broma de Paula.
   アンヘルはパウラの冗談で笑い出した。

6) Alfonso se despidió (　　　　　　　) los amigos en la estación.
   アルフォンソは駅で友達と別れた。

7) ¿Me puedes dejar los apuntes? — (　　　　　　　) mucho gusto.
   授業ノート貸してもらえる？—喜んで。

8) No me arrepiento (　　　　　　　) haberlo dicho.
   それを言ったことを私は後悔していない。

9) Me gusta la música, (　　　　　　　) todo la clásica.
   私は音楽が好きですが、特にクラシックが好きです。

10) Acabamos (　　　　　　　) llegar al hotel.
    私たちはホテルに着いたばかりだ。

4 スペイン語にしましょう。

1) 私の家の隣にジム（gimnasio）がある。

2) ソファーの下に指輪を1つ見つけた。

3) この赤い傘は誰のですか？—私のです。

4) この通りは午前中タクシーが多く通る。

5) 授業の間スペイン語だけで話しましょう。

12 接続詞

1 日本語に合うように、適切な接続詞を入れましょう。

1) Tengo un perro （　　　　　　　　） dos gatos.
   私は犬を1匹と猫を2匹飼っている。

2) ¿Conoces a alguien que sepa español （　　　　　　　　） italiano?
   スペイン語とイタリア語ができる人を誰か知っているかい？

3) No alabaron （　　　　　　　　） criticaron mi actuación.
   彼らは私の演技をほめることもなければ、批判することもなかった。

4) Tú （　　　　　　　　） alguno de tu familia tendréis que ir a recibirlo.
   君か君の家族の誰かがそれを受け取りに行かなければならないでしょう。

5) No sé （　　　　　　　　） puedo tomarme vacaciones.
   私は休暇が取れるかどうか分からない。

6) （　　　　　　　　） no me cae bien, no he hablado mal de él.
   彼とは馬が合わないけれど、彼のことを悪く言ったことはないよ。

7) （　　　　　　　　） dice el informe, el 76 % de los habitantes está en contra de
   la subida de impuestos.
   報告書によれば、住民の76%が増税に反対している。

8) （　　　　　　　　） yo estuviera en tu lugar, dejaría de fumar.
   私が君の立場ならたばこを吸うのをやめるんだけどな。

9) （　　　　　　　　） me dolía mucho la cabeza, aplacé el viaje.
   頭がとても痛かったので、私は旅行を延期した。

10) Llámame （　　　　　　　　） pases por aquí.
    この辺に来たら電話をください。

2 1）〜5）に続く適切な表現を、ア）〜オ）から選びましょう。

1) Si no tienes tiempo ahora,　　　　　ア）antes de que se ponga el sol.
2) Gabriel compró un pañuelo　　　　　イ）o perderéis el autobús de siempre.
3) La llamé a la hora indicada,　　　　　ウ）puedes hacerlo mañana.
4) Tienes que volver a casa　　　　　エ）y se lo regaló a su madre.
5) Levantaos ahora mismo,　　　　　オ）pero no me contestó.

1) - (　　　)	2) - (　　　)	3) - (　　　)	4) - (　　　)	5) - (　　　)

3 日本語に合うように、語を並べ替えて文を作りましょう。

1) 君たちに見てもらうために写真を送りましょう。

[a, enviar, fotos, las, las, para, que, os, veáis, voy].

→

2) ロベルトもリカルドもそのプランには賛成していなかった。

[acuerdo, con, de, el, estaban, ni, ni, plan, Ricardo, Roberto].

→

3) ラウルはクリスティナではなく、エレナと付き合っている。

[con, con, Cristina, Elena, no, Raúl, sale, sino].

→

4) 彼らは私たちのところに来るたびに花束を持ってきてくれる。

[cada, de, flores, nos, nos, que, ramo, traen, un, vez, visitan].

→

5) 彼は私に食事が気に入ったかどうか尋ねた。

[comida, gustado, había, la, me, me, preguntó, si].

→

4 [ ] の接続詞（句）を用いて、スペイン語にしましょう。

1) 私はたとえ彼らに（それを）頼まれても、もう一度そこで働くつもりはない。[aunque]

2) 私たちは時間通りに到着できるかどうか分からなかった。[si]

3) （私は）データを受け取ったらすぐにあなた方にお知らせしましょう。[en cuanto]

4) 彼らは孫たちと一緒に来ると私に言いました。[que]

5) 私たちが公園を散歩している間、フェデリコ（Federico）は夕食の準備をしていました。
[mientras]

13

再帰動詞

1 日本語に合うように、カッコ内の選択肢から正しいものを選びましょう。

1) Juan (afeita / se afeita) todas las mañanas.
   フアンは毎朝ひげをそる。

2) El padre (puso / se puso) la camisa a su hijo.
   父親は子供にシャツを着せた。

3) Tenemos que (quedar / quedarnos) aquí.
   私たちはここに残らなければなりません。

4) (He quedado / Me he quedado) con Emilio a las ocho.
   私はエミリオと8時に待ち合わせた。

5) No (preocupes / te preocupes) tanto.
   そんなに心配しないで。

6) (Lava / Lávate) la vajilla con agua tibia.
   ぬるま湯で食器を洗いなさい。

7) La niña (viste / se viste) ya sola.
   その女の子はもう一人で服を着る。

8) (Quitamos / Nos quitamos) los zapatos al entrar en casa.
   私たちは家に入るとき靴を脱ぎます。

9) De joven (acostaba / me acostaba) muy tarde.
   若い頃私はとても遅くに寝ていた。

10) ¿A qué hora (llamaste / te llamaste) a Eva?
   何時にエバに電話したの？

2 日本語に合うように、枠内から再帰動詞を選び、適切な時制に活用させて入れましょう。

**arrepentirse, atreverse, ayudarse, beberse,
comerse, dormirse, irse, morirse, respetarse, verse**

---

1) ¿Es verdad que Marisa (   ) una botella de vino?
   マリサがワインを1本飲み干してしまったって本当？

2) Ayer Sonia (   ) una tarta entera.
   昨日ソニアはケーキをまるごと食べてしまった。

3) ¿Ya (   )? — Sí, porque tengo una cita a las diez.
   君、もう帰っちゃうの？—うん、10時に約束があるんだ。

4) Los niños dicen que (   ) de sed.
   子供たちはのどが乾いて死にそうだと言っている。

5) Como estaba muy cansado, (   ) enseguida.
   私はとても疲れていたので、すぐに眠り込んでしまった。

6) (   ) en la fiesta del sábado.
   土曜日のパーティーでお会いしましょう。

7) Todos （　　　　　　　　　　　　　） unos a otros.
皆が互いに助け合っている。

8) No （　　　　　　　　　　　　　） a viajar sola.
私は一人で旅をする勇気がない。

9) Los dos （　　　　　　　　　　　　　） mutuamente.
2人はお互いに尊敬しあっています。

10) No （　　　　　　　　　　　　　） de mi decisión.
私は自分の決断を後悔していない。

3 日本語に合うように、カッコ内の変化を表す再帰動詞を適切な形にしましょう。

1) Su hija (**hacer**se　　　　　　　　） abogada.
彼の娘は弁護士になった。

2) Decías que querías (**hacer**se　　　　　　　　） rico.
君はお金持ちになりたいと言っていたね。

3) Cuando leyó el artículo, (**poner**se　　　　　　　　） pálido.
その記事を読むと、彼は青ざめた。

4) (**Poner**se　　　　　　　　） muy nerviosa en los exámenes.
私は試験のときとても緊張してしまいます。

5) Últimamente él (**volver**se　　　　　　　　） egoísta.
最近彼は自分勝手になった。

6) Antes Teresa era muy tímida pero (**volver**se　　　　　　　　） sociable.
テレサは、以前はとても恥ずかしがり屋だったが、社交的になった。

7) (**Quedar**se　　　　　　　　） sorprendidos al oírlo.
そのことを聞いて私たちは驚いてしまった。

8) Se marcharon todos y (**quedar**se　　　　　　　　） solo.
皆行ってしまい、私は一人になってしまった。

9) Esa fábrica (**convertir**se　　　　　　　　） en una de las más grandes empresas.
その工場は大企業の1つとなった。

10) El movimiento pacífico puede (**convertir**se　　　　　　　　） en un enfrentamiento.
平和的な運動が対立に変わることもある。

4 スペイン語にしましょう。

1) 私の娘は朝食の前にお風呂に入ります。

2) 窓の近くに座りましょう。

3)（私は）ここで手を洗っていいですか？

4) そのニュースを知ると、私は悲しくなった。

5) 彼はこのレストランのサービス（servicio）に不満を言っている。（～について不満を言う quejarse de...)

14

ser 受身・再帰受身

1 能動文は **ser** を用いた受身の文に、受身の文は能動文に書き換えましょう。

1) Los estudiantes organizaron la fiesta de bienvenida.
   学生たちはその歓迎パーティーを企画した。
   →

2) Los especialistas han analizado los resultados.
   専門家は結果を分析した。
   →

3) Sus compañeros trasladaron a Germán al hospital.
   彼の仲間はヘルマンを病院へ運んだ。
   →

4) Esta compañía compró los derechos de la novela.
   この会社はその小説の権利を買った。
   →

5) Los vecinos cuidaban a la niña.
   近所の人々がその子を世話していた。
   →

6) El desaparecido fue encontrado por unos excursionistas.
   その行方不明者は数人のハイカーによって見つけられた。
   →

7) Marcos fue elegido presidente por los miembros del comité.
   マルコスは委員会のメンバーによって議長に選ばれた。
   →

8) Los hermanos Fernández son queridos por todo el pueblo.
   フェルナンデス兄弟は村中の人に愛されている。
   →

9) La película ha sido dirigida por una directora muy conocida.
   その映画はある著名な監督によって作られた。
   →

10) La fecha era considerada ideal por todos los participantes.
    その日取りは参加者全員に理想的だと考えられていた。
    →

122

2 次の受身の文を日本語にしましょう。

1) No se entiende lo que está diciendo Blanca.

2) Muchas escenas de la película se rodaron en ese castillo.

3) Con el tiempo se olvidan los malos momentos.

4) El estadio se construyó para los Juegos Olímpicos.

5) En esta zona se producen los mejores vinos del país.

6) Los manifestantes fueron desplazados por la policía.

7) Emilio no esperaba ser ayudado por nadie.

8) Algunas normas sociales ya no son respetadas por la gente.

9) Los habitantes han sido evacuados a causa de un incendio.

10) El comentario fue criticado duramente por la prensa.

3 再帰受身を用いてスペイン語にしましょう。

1) そのとき通りで叫び声（grito）が聞こえた。

2) 今日の会議で新しいプランが2つ発表（presentar）されるだろう。

3) 公衆電話（teléfono público）は今ほとんど見られない。

4) ビルの改修に200万ドルが使われた。（お金を費やす　gastar）

5) 玉ねぎ（複数）はみじん切りにする。
（みじん切りにする　cortar en trozos pequeños / picar）

15 不定人称文

1 次の文を「**se** ＋動詞の3人称単数形」を用いた不定人称文にしましょう。

1) Tardamos unos diez minutos en llegar al puerto. 私たちが港に到着するのに10分ほどかかる。

（　　　　　　　　） unos diez minutos en llegar al puerto. 港に到着するのに10分ほどかかる。

2) Ustedes no pueden fumar en este restaurante.

あなた方はこのレストランでたばこを吸うことはできません。

No （　　　　　　　） fumar en este restaurante. このレストランではたばこが吸えません。

3) Todos viven muy bien en esta ciudad. この町では全員がいい暮らしをしている。

（　　　　　　　　） muy bien en esta ciudad. この町では暮らし向きがとてもよい。

4) En esta empresa no tratamos bien a los trabajadores.

この企業で私たちは労働者を大切に扱っていない。

En esta empresa no （　　　　　　　） bien a los trabajadores.

この企業では労働者が大切に扱われていない。

5) Antes mis hijos leían más. 以前私の息子たちはもっと本を読んでいた。

Antes （　　　　　　　） más. 以前はもっと本が読まれていた。

2 次の文を「動詞の3人称複数形」を用いた不定人称文にしましょう。

1) La abuela me llamaba Pepito. 祖母は私のことをペピートと呼んでいた。

Me （　　　　　　　） Pepito. 私はペピートと呼ばれていた。

2) Claudio decía que iba a hacer mucho calor ese día.

クラウディオはその日は暑くなると言っていた。

（　　　　　　　　） que iba a hacer mucho calor ese día. その日は暑くなるという話だった。

3) Alguien llevó al herido al hospital. 誰かがけが人を病院に運んだ。

（　　　　　　　　） al herido al hospital. けが人は病院に運ばれた。

4) El jefe nos preguntó si sabíamos su dirección.

上司は私たちに彼女の住所を知っているかと聞いた。

Nos （　　　　　　　） si sabíamos su dirección. 私たちは彼女の住所を知っているか聞かれた。

5) La universidad le dará una beca para estudiar en Francia.

大学は彼女にフランスに留学するための奨学金を与えるだろう。

Le （　　　　　　　） una beca para estudiar en Francia.

彼女はフランスに留学するための奨学金を与えられるだろう。

3 日本語に合うように、語を並べ替えて文を作りましょう。

1) フェルナンドが試合の最優秀選手に選ばれるだろう。

[a, del, elegirán, Fernando, jugador, mejor, partido].

→

2) ここに60階建てのビルが建設されるそうだ。

[a, aquí, construir, de, dicen, edificio, pisos, que, sesenta, un, van].

→

3) この地域では歩行者が優先される。

[a, en, esta, los, peatones, respeta, se, zona].

→

4) 君は観光案内所で市街図をもらえるでしょう。

[ciudad, darán, de, de, el, en, la, la, oficina, plano, te, turismo].

→

5) 彼は2つの科目で不合格になった。

[asignaturas, dos, en, han, lo, suspendido].

→

6) 私はスペインに行くための航空券をプレゼントされた。

[a, avión, billete, de, España, ir, me, para, regalaron, un].

→

7) 今は子供をそれほど厳しく教育していないと言われている。

[a, ahora, dicen, educa, estrictamente, los, niños, no, que, se, tan].

→

8) ここから空港へタクシーで行くのにどのくらいの時間がかかりますか？

¿[aeropuerto, al, aquí, cuánto, de, en, en, ir, se, tarda, taxi, tiempo]?

→

9) 若者の間でこのイベントがすごく話題になっている。

[de, entre, este, evento, habla, jóvenes, los, mucho, se].

→

10) 私の夫はテーブルに置いた携帯電話を盗まれてしまった。

[a, dejado, el, en, había, la, le, marido, mesa, mi, móvil, que, robaron].

→

4 スペイン語にしましょう。

1) 今入れますか？

2) このホテルで私たちはとてもよい対応をしてもらった。（対応する atender）

3) 彼らは予告（previo aviso）なく解雇されたそうだ。（解雇する despedir）

4) そのメキシコ人選手はネット上で（en las redes）強く批判されている。

5) 以前このレストランはとてもおいしかった。

16

関係詞（que, 定冠詞＋que, donde, quien）・強調構文

1 日本語に合うように、カッコ内に適切な語句を入れましょう（1語とは限りません）。

1) Aquel chico （　　　　　　　　　　） está cantando es Mariano.
   歌を歌っているあの男の子はマリアノです。

2) El restaurante （　　　　　　　　　　） cenamos anoche es el más caro de la ciudad.
   昨夜夕食を取ったレストランは町で一番高い。

3) Este es el libro （　　　　　　　　　　） te hablé ayer.
   これが昨日君に話した本です。

4) En esta empresa （　　　　　　　　　　） trabaja más gana más.
   この会社では、より多く働く者はより多く稼ぐ。

5) ¿Puedes repetirme （　　　　　　　　　　） quieres decir?
   君の言いたいことをもう一度言ってくれる？

2 日本語に合うように、カッコ内の選択肢から正しいものを選びましょう（複数の可能性あり）。

1) La chica （la que / con la que / quien） salía Ramón era de Venezuela.
   ラモンが付き合っていた女の子はベネズエラ出身だった。

2) ¿Sabes （que / el que / lo que） piensan ellos?
   彼らが考えていること、知ってる？

3) （Quienes / Los que / Que） visitaron el museo quedaron muy contentos.
   その美術館を訪れた人はとても満足した。

4) El ordenador （que / el que / lo que） tienes es mejor que el mío.
   君の持っているコンピューターのほうが私のよりもいい。

5) Su familia le ha dado todo （que / el que / lo que） necesitaba.
   彼の家族は彼に必要なものは何でも与えてきた。

3 下線部を強調した文になるように、カッコ内に適切な語句を入れましょう（1語とは限りません）。

1) Mis amigos llegaron de México el viernes pasado.
   → Fue el viernes pasado （　　　　　　　　　　） llegaron mis amigos de México.
   私の友達がメキシコから到着したのは先週の金曜だった。

2) El ladrón se escapó por esta puerta.
   → Es por esta puerta （　　　　　　　　　　） se escapó el ladrón.
   泥棒が逃げたのはこの扉からだ。

3) Va a visitarnos Cecilia esta tarde.

　　→ Es Cecilia（　　　　　　　　　　　）va a visitarnos esta tarde.

　　今日の午後私たちを訪ねて来るのはセシリアです。

4) Álex nos trajo una carta.

　　→ Fue una carta（　　　　　　　　　　　）nos trajo Álex.

　　アレックスが私たちのところに持ってきたのは1通の手紙だった。

5) Le envié los documentos a Mónica.

　　→ Fue a Mónica（　　　　　　　　　　　）le envié los documentos.

　　私が書類を送ったのはモニカにです。

4 日本語に合うように、語を並べ替えて文を作りましょう。

1) 遅刻した人は入れなかった。

　　[entrar, llegaron, los, no, pudieron, que, tarde].

　　→

2) これは私の祖母が生まれた村です。

　　[abuela, donde, el, es, este, mi, nació, pueblo].

　　→

3) 彼らが出席する授業は10時半に始まる。

　　[a, a, asisten, clase, diez, empieza, la, la, las, media, que, y].

　　→

4) 私たちはよく冷えたビールを飲んだ。

　　[cerveza, estaba, fría, muy, que, tomamos, una].

　　→

5) それを実現するために私はできるだけのことをするつもりだ。

　　[conseguirlo, haré, lo, para, pueda, que, todo].

　　→

5 スペイン語にしましょう。

1) 昨夜君が知り合った男性の名前は何て言うの？

2) 私たちは博物館の正面にあるホテルに泊まった。（泊まる　alojarse）

3) 父が座っていたのはこの椅子です。

4) 昨日ハビエル（Javier）が僕たちに話したことを君は覚えているかい？（話す　contar）

5) 君がこの間私にプレゼントしてくれた本を私はとても気に入りました。

17

比較

1　日本語に合うように、カッコ内の選択肢から正しいものを選びましょう。

1）En el taller del mes pasado había (tan / tanto / tantas) personas como hoy.
先月のワークショップには今日と同じくらいのたくさんの人がいた。

2）Julián es el (menor / menos) de la familia.
フリアンは家族で一番年下だ。

3）La última canción es la que (más / mejor) me gusta del álbum.
最後の曲がアルバムで一番好きだ。

4）Mi hija menor dibuja (tan / tanto) bien como Carolina.
私の下の娘はカロリナと同じくらい絵がうまい。

5）Esta camisa cuesta (menor / menos) que la otra.
このシャツは別の1枚よりも安い。

6）Allí lo pasamos (tan / tanto) bien como siempre.
そこではいつもと同じくらい楽しく過ごした。

7）Su padre cocina (mayor / mejor) que su madre.
彼女のお父さんのほうがお母さんよりも料理がうまい。

8）Paloma me entiende (más bien / mejor) que nadie.
パロマは誰よりもよく私のことを理解してくれている。

9）Tienes que practicar (tan / tanto) como ella.
君は彼女と同じくらい練習しないといけないよ。

10）¿Qué ciudad es (más grande / mayor), la Ciudad de México o Buenos Aires?
メキシコ・シティーとブエノスアイレスではどっちの都市がより大きいですか？

2　日本語に合うように、カッコ内に適切な語を1つ入れましょう。

1）Estas gafas son (　　　　) cómodas (　　　　) las que usaba antes.
この眼鏡は以前使っていたものよりも快適だ。

2）Esta maleta pesa dos kilos (　　　) (　　　) la que tengo ahora.
このスーツケースは今持っているものより2キロ軽い。

3）Laura es (　　　) que (　　　) habla inglés (　　　) todos nosotros.
ラウラが私たちみんなの中で一番英語を上手に話す。

4）Héctor es una de (　　　) personas (　　　) (　　　) quiero en este mundo.
エクトルはこの世で一番愛している人たちのうちの1人だ。

5）Clara toca la guitarra (　　　) (　　　) ninguno del grupo.
クララはグループの誰よりもギターがうまい。

128

6) El teatro estaba (　　　　) lejos (　　　　) (　　　　　) que pensábamos.

劇場は思っていたよりも遠くにあった。

7) Francisco ya no viene a verme (　　　　) (　　　　) antes.

フランシスコはもう以前ほど私に会いに来ない。

8) Esta es (　　　　) iglesia (　　　　) antigua (　　　　) la ciudad.

これは町で一番古い教会だ。

9) Nuestro plan fue (　　　　) (　　　　) obtuvo (　　　　) votos.

われわれのプランが一番多くの票を得た。

10) (　　　　) (　　　　) duermes, (　　　　) sueño te da.

眠れば眠るほど眠くなるものだ。

3 日本語に合うように、語を並べ替えて文を作りましょう。

1) 一番好きではないスポーツはなんですか？

¿[cuál, deporte, el, es, gusta, le, menos, que]?

→

2) 彼らの演奏は期待していたよりもよかった。

[actuación, de, esperaba, estuvo, lo, mejor, que, su].

→

3) 日本語は言われているほど難しくない。

[como, dicen, difícil, el, es, japonés, no, tan].

→

4) エステバンは食べ物よりも衣服にお金をかける。

[comida, dinero, en, en, Esteban, gasta, más, que, ropa].

→

5) フェルナンドはこの会社に私たちよりも3年長くいる。

[años, empresa, en, esta, Fernando, lleva, más, nosotros, que, tres].

→

4 スペイン語にしましょう。

1) このワインはリスト（carta）の中で一番経済的だ。

2) 私は彼女ほど稼いでいない。（稼ぐ　ganar）

3) アルトゥロ（Arturo）は私よりも運転がうまい。

4) 彼女は映画より芝居のほうが好きだ。

5) カルメン（Carmen）はクラスで一番勉強する生徒だ。

レ
ベ
ル
2

17/25

129

18 条件文

1 日本語に合うように、カッコ内の選択肢から正しいものを選びましょう。

1) Si (viene / venga / viniera / hubiera venido) Pablo,

te (avisaré / avisaría / habría avisado).

パブロが来たら君に知らせるね。

2) Si (sé / sepa / supiera / hubiera sabido) hablar portugués,

(viajaré / viajaría / habría viajado) solo por Brasil.

もしポルトガル語が話せたら、一人でブラジルを旅行するんだけどなあ。

3) Yo que tú, le (pediré / pediría / habría pedido) permiso antes al jefe.

私が君なら、あらかじめ上司に許可を求めるけどなあ。

4) Si no me (llevan / lleven / llevaran / hubieran llevado) en coche,

(llegaré / llegaría / habría llegado) tarde a la ceremonia.

もし車で連れて行ってもらえなかったら、式典に遅れていたでしょう。

5) Si (podemos / podamos / pudiéramos / hubiéramos podido) conseguir las entradas,

ahora (estaremos / estaríamos / habríamos estado) en el concierto de este grupo.

もしチケットが取れていたら、今頃私たちはこのグループのコンサートにいるのに。

2 1) ～5) に続く適切な表現を、ア) ～オ) から選びましょう。

1) Si tienes prisa,   ア) no habrías tenido el accidente.

2) Si tuviera tiempo,   イ) coge un taxi.

3) Si hubierais preparado bien la lección, ウ) os llevaría al acuario.

4) Si supiera la respuesta,   エ) habríais podido contestar a las preguntas.

5) Si hubieras salido cinco minutos antes, オ) te la diría.

| 1) - (   ) | 2) - (   ) | 3) - (   ) | 4) - (   ) | 5) - (   ) |

3 日本語に合うように、カッコ内の不定詞を適切な時制に活用させましょう。

1) Si no (**necesitar**, *tú*   ) la cena, (**tener**   ) que decírselo

de antemano.

夕食が必要なければ、前もって彼にそれを言わなければなりません。

2) Si (**hacer**   ) buen tiempo ayer, (**salir**   ) de excursión.

昨日いいお天気だったら、私たちは遠足に行っていたのに。

3) Si yo (**estar**   ) en vuestro lugar, no (**dudar**   ) en

hacerlo.

もし私が君たちの立場なら、迷わずそれをするのだが。

4) Si no (**venir**, *tú*   ) a la fiesta, ahora no (**estar**   ) casados.

もし君がパーティーに来ていなかったら、今頃私たちは結婚していないだろう。

5) Yo en tu lugar, no se lo (**contar**   ).

私が君なら、彼にそのことを話していなかっただろう。

6) Si (**llegar**, *yo*   ) tarde, te (**llamar**   ).

到着が遅くなるようなら、君に電話するよ。

7) Si (**tomar**, *tú*   ) las medicinas anoche, ahora

(**sentir**se, *tú*   ) mejor.

昨夜薬を飲んでいたら、今頃はよくなっているのに。

8) ¿Cómo (**ser**   ) mi vida si no (**conocer**   ) al señor González?

もしゴンサレスさんと知り合っていなかったら、私の人生はどうなっているだろうか？

9) Si no (**estar**   ) lloviendo tanto, (**sacar**, *yo*   ) al perro a pasear.

こんなにひどい雨が降っていなければ、犬を散歩に連れて行くんだけど。

10) Si me (**decir**, *tú*   ) la hora de la llegada, te (**ir**, *yo*   ) a buscar a la estación.

到着の時間を言ってくれれば、駅に迎えに行くよ。

4 スペイン語にしましょう。

1) 私がもっと若ければ、スカイダイビング（paracaidismo）に迷わず挑戦するんだが。（挑戦する probar）

2) （君が私に）来ると言ってくれていたら、町を案内していたのに。

3) 君たちが私の友人たちのことを悪く言ったら許さないよ。（許す perdonar）

4) もし提案を受け入れていたら、今私たちはこんなに問題を抱えていないのに。

5) もし過去に戻れるとしたら、君は同じこと（lo mismo）をするかい？

19

譲歩文

1 日本語に合うように、カッコ内の選択肢から正しいものを選びましょう。

1) Mañana me (levantaré / levantaría / habría levantado) temprano aunque (estoy / esté / estuviera) muy cansada.

とても疲れているけれど、明日は早起きするつもりだ。

2) Aunque (nieva / nieve / nevara), (iré / iría / habría ido) a verte.

たとえ雪が降っても君に会いに行きます。[天気は不明]

3) Aunque (era / fuera / hubiera sido) verdad, no (querré / querría / habría querido) creerlo.

たとえそれが真実だとしても、私は信じたくない。[真実である可能性はほぼない]

4) Aunque no (hacía / hiciera / hubiera hecho) buen tiempo, lo (pasamos / pasaríamos / habríamos pasado) muy bien.

天気は良くなかったが、とても楽しく過ごしました。

5) Aunque me (pagaron / pagaran / hubieran pagado) mucho dinero, no (trabajé / trabajaría / habría trabajado) con ellos.

たとえ大金をもらっていたとしても、彼らとは一緒に働かなかっただろう。

2 1）～5）に続く適切な表現を、ア）～オ）から選びましょう。

1) Por muy ocupado que estés,　　　　　ア) no habríamos llegado a tiempo.

2) Por mucho dinero que me ofrezcan,　　イ) no nos lo contará.

3) Aunque hiciera sol,　　　　　　　　ウ) tienes que asistir a la reunión de hoy.

4) Aunque hubiéramos salido a las siete,　エ) no venderé este cuadro.

5) Aunque lo sepa,　　　　　　　　　オ) yo no querría ir a la playa.

1) - (　　　) 2) - (　　　) 3) - (　　　) 4) - (　　　) 5) - (　　　)

3 日本語に合うように、カッコ内の不定詞を適切な時制に活用させましょう。

1) Aunque no (**estar**, *tú*　　　　　　　) de acuerdo, no (**poder**, *tú*　　　　　　　) decirles que no.

たとえ賛成じゃなくても、彼らにだめだとは言えないだろう。[実際の意見は不明]

2) Aunque (**ser**　　　　　　　　) joven, no (**viajar**　　　　　　　　) en moto.

たとえ私が若いとしても、バイクで旅はしないだろうね。

3) Por mucho frío que (**hacer**　　　　　　　　), mi hermano (**salir**　　　　　　　) a pasear al perro todos los días.

どんなに寒くても、私の弟は毎日犬の散歩に出ます。

4) No (**ir**   ) a la fiesta aunque nos (**invitar**   ).

たとえ彼らに招待されていたとしても、そのパーティーには行かなかっただろう。

5) Por más que (**correr**   ), no (**poder**   ) tomar ese tren.

どんなに走っても、私はその電車には乗れないでしょう。

6) Aunque lo (**hacer**, *vosotros*   ), el resultado (**ser**   )
el mismo.

君たちがそれをしていたとしても、結果は同じだったでしょう。

7) Por mucho que (**comer**   ), no (**engordar**   ).

彼はたくさん食べるが太らない。

8) Aunque (**llamar**   ) por la mañana, no (**poder**   )
reservar mesa.

朝のうちに電話していたとしても、私は席の予約はできなかっただろう。

9) Alfredo la (**elegir**   ) presidenta, aunque no
(**querer**, *vosotros*   ).

アルフレドは彼女を会長に選ぶだろう、たとえ君たちがいやでも。

10) Aunque él no me (**decir**   ) nada, (**dar**se   ) cuenta
de que estaba muy enfadado.

彼は私に何も言わなかったが、私は彼がとても怒っていることに気がついた。

4 スペイン語にしましょう。

1) 私の弟はあまり勉強しないが、いつもいい成績を取る。（いい成績を取る sacar buenas notas）

2) 彼は10年東京に暮らしたが、日本語を覚えなかった。

3) たとえ気が進ま（apetecer）なくても、君は仕事に行かなくてはいけない。

4) 私はたとえ暇だったとしても、彼とは出かけなかっただろう。

5) 彼らが私を手伝ってくれていたとしても，1週間ではそれを終わらせられなかっただろう。

20 願望文

1 日本語に合うように、カッコ内の不定詞を接続法現在形または接続法現在完了形に活用させましょう。

1) ¡Ojalá María (**quedar**se _____) con nosotros!
   マリアが私たちと残ってくれたらいいのになあ。

2) ¡Ojalá ya (**llegar** _____) los demás!
   他のみんながもう着いているといいのだけど。

3) ¡Ojalá (**sacar** _____) buenas notas en el examen!
   彼らが試験でいい成績を取ったらいいのになあ。

4) ¡Ojalá no (**leer** _____) todavía la noticia!
   彼らがまだ知らせを読んでいないといいなあ。

5) ¡Ojalá (**encontrar**, *tú* _____) un buen apartamento!
   いいアパートが見つかるといいね。

6) ¡Ojalá (**hacer** _____) buen tiempo mañana!
   明日いい天気だといいなあ。

7) ¡Ojalá tus colegas te (**entender** _____) mejor!
   同僚が君のことをもっと理解してくれるといいのになあ。

8) ¡Ojalá mis niños (**volver** _____) a casa sin problema!
   子供たちが問題なく家に帰っているといいなあ。

9) ¡Ojalá nos (**dar**, *ellos* _____) una oportunidad!
   私たちにチャンスがもらえたらなあ。

10) ¡Ojalá le (**gustar** _____) nuestro regalo!
    あなたが私たちのプレゼントを気に入ってくれたのだといいのですが。

2 日本語に合うように、カッコ内の不定詞を接続法過去形または接続法過去完了形に活用させましょう。

1) ¡Ojalá ella (**ser** _____) la primera ministra!
   彼女が首相ならなあ。

2) ¡Ojalá (**poder**, *yo* _____) ir a veros!
   君たちに会いに行けたらなあ。

3) ¡Ojalá (**dar**se _____) cuenta de eso!
   私たちがそのことに気づいていたらなあ。

4) ¡Ojalá (**ver**, *nosotros* _____) la película antes!
   その映画を事前に見ていたらよかったなあ。

5) ¡Ojalá Mario no (**tener** _____) que irse a otra sucursal!
   マリオが別の支店に異動しなくていいならなあ。

6) ¡Ojalá (**conocer**se   ) antes!

彼らがもっと早く知り合っていたらなあ。

7) ¡Ojalá Alejandro nos (**decir**   ) la verdad!

アレハンドロが私たちに本当のことを言ってくれたらなあ。

8) ¡Ojalá (**pensar**   ) en el posible riesgo antes!

君たちがありうるリスクについて事前に考えていたらなあ。

9) ¡Ojalá nos (**avisar**, *ellos*   ) una semana antes por lo menos!

少なくとも1週間前に知らせてもらっていたらなあ。

10) ¡Ojalá (**estar**   ) aquí mis abuelos!

祖父母がここにいたらなあ。

3 動詞の時制に注意して、日本語にしましょう。

1) ¡Que tengas suerte!

2) ¡Que se mejore pronto tu madre!

3) ¡Ojalá pudiéramos tomarnos unos días libres!

4) ¡Ojalá me hayan traído el paquete!

5) ¡Ojalá te hubieran dado el premio!

4 スペイン語にしましょう。

1) 日曜日はあまり暑くないといいなあ。

2) スペイン語がもっとうまく話せたらなあ。

3) 昨日君に会えればよかったのだが。

4) (あなた方) 休暇中は楽しんでくださいね。

5) 終電が出てしまっていないといいんだけど。

21 分詞構文

1 日本語に合うように、カッコ内の不定詞を現在分詞または過去分詞にしましょう。

1) (**Pasar**　　　　　　　　) unas semanas, me di cuenta de que estaba equivocada.
数週間経って私は間違っていることに気づきました。

2) (**Terminar**　　　　　　　) la última clase, todos salieron a jugar al patio.
最後の授業が終わるとみんなが校庭に遊びに出た。

3) (**Ver**　　　　　　　) que era difícil hacerlo, cambié de idea.
それをやるのが難しいことが分かると、私は考えを変えた。

4) (**Dar**　　　　　　　) la situación, será mejor que suspendamos el plan.
そのような状況が生じたからには、私たちは計画を中止したほうがいいでしょう。

5) (**Ir**　　　　　　) en taxi, llegarás allí en unos diez minutos.
タクシーで行けば、君はそこに10分ほどで到着できます。

6) (**Girar**　　　　　　　) a la izquierda, verás un gran letrero rojo a tu derecha.
左に曲がったら、右側に赤い大きな看板が見えるでしょう。

7) (**Escribir**　　　　　　　) muy deprisa, el artículo estaba lleno de errores.
とても急いで書かれたので、記事は間違いだらけだった。

8) (**Estar**　　　　　　　) tan cansada, no se me ocurrió ninguna idea.
あまりにも疲れていたので、何のアイデアも浮かばなかった。

9) (**Decir**　　　　　　) esto, me colgó el teléfono.
これを言うと彼は電話を切ってしまった。

10) (**Ser**　　　　　　) rivales, eran los mejores amigos fuera de la cancha.
ライバルであったが、彼らはコートの外では親友同士だった。

2 次の文を分詞構文を用いた文に書き換えましょう。

1) Cuando terminó el partido, los aficionados salieron poco a poco del estadio.
試合が終わると、ファンたちが少しずつスタジアムから出てきた。
　→

2) Aunque sé que no es bueno para la salud, no puedo dejar de fumar.
身体に悪いと知ってはいるが、私はたばこを吸うのを止められない。
　→

3) Cuando se abrieron las ventanas, entró un aire fresco de la noche.
窓が開くと、夜の涼しい風が入ってきた。
　→

4) Cuando hicieron los deberes, los niños empezaron a ver la televisión.
宿題をやってしまうと、子供たちはテレビを見始めた。
　→

5) Aunque vivimos en la misma residencia, no la he visto hablar con nadie.

私たちは同じ寮に住んでいますが、彼女が誰かと話しているのを見たことがありません。

→

6) Como es hija de una familia rica, la trataron muy bien en el hotel.

裕福な家庭の娘なので、ホテルでは彼女にとても良い対応をした。

→

7) Si sigues las indicaciones del médico, te recuperarás en unos días.

医者の指示に従えば、君は数日で回復するでしょう。

→

8) Como hablaba muy bajo, apenas lo entendimos.

彼はとても低い声で話していたので、私たちは彼の言うことがほとんど聞き取れなかった。

→

9) Como la calle se había cortado por la obra, tuvimos que dar un rodeo.

通りが工事で通行止めになってしまっていたので、私たちは遠回りをしなければならなかった。

→

10) Como había salido el último tren, la estación estaba completamente oscura.

最終電車が出てしまっていたので、駅は真っ暗だった。

→

3 分詞構文を用いて、スペイン語にしましょう。

1) とても若いのに、彼女は100人以上の従業員を抱える（con）企業のオーナー（dueña）だ。

2) 彼女はあまりに忙しかったので、会う約束（cita）を忘れてしまった。

3) ラジオが大音量で（a todo volumen）かけられていたので、彼は電話（llamada）に気づかなかった。

4) 彼の意見を考慮に入れて、私たちは出発の日を変更しました。

（～を考慮に入れる　tener... en cuenta）

5) 子供たちが黙ると、先生は起こったこと（lo ocurrido）について話し始めた。

（黙る　callarse）

22　話法・時制の一致

1　例にならって、間接話法の文に書き換えましょう。

> 例）Juana dice: "Trabajo en una oficina de turismo".
> フアナは「私は観光案内所で働いています」と言っている。
> → *Juana dice que trabaja en una oficina de turismo.*
> フアナは観光案内所で働いていると言っている。

1）Mis amigos dicen: "Queremos visitar Kioto".

→

私の友人たちは京都を訪ねたいと言っている。

2）Nuestra hija dice: "Esta noche no cenaré en casa".

→

私たちの娘は今晩家で夕食を食べないだろうと言っている。

3）Jorge me ha dicho: "Te esperaré en la cafetería".

→

ホルヘは私に喫茶店で私を待つつもりだと言った。

4）El señor me ha preguntado: "¿De dónde es usted?".

→

男性は私に出身はどこかと尋ねた。

5）Rosa nos ha preguntado: "¿Os gustó Toledo?".

→

ロサは私たちにトレドは気に入ったかどうかと尋ねた。

2　例にならって、間接話法の文に書き換えましょう。

> 例）Dolores dijo: "Trabajo en una oficina de turismo".
> ドロレスは「私は観光案内所で働いています」と言った。
> → *Dolores dijo que trabajaba en una oficina de turismo.*
> ドロレスは観光案内所で働いていると言った。

1）El profesor nos dijo: "Tenéis que ayudaros mutuamente".

→

先生は私たちにお互い助け合わなければならないと言った。

2）Me dijeron: "Llevamos tres años viviendo juntos".

→

彼らは一緒に暮らして3年になると私に言った。

3）Paula les decía a sus padres: "Seré actriz".

→

パウラは両親に俳優になると言ったものだ。

4) Me preguntaron: "¿Has visto a Carmen?".

→

カルメンに会ったかと私は尋ねられた。

5) Nos preguntó: "¿Cuánto tiempo estaréis en Londres?".

→

彼女は私たちにどのくらいロンドンにいる予定なのかと聞いた。

③ 日本語に合うように、カッコ内の不定詞を適切な完了時制に活用させましょう。

1) Me dijeron que para el verano siguiente (**terminar**   ) el proyecto.
翌年の夏までにはその計画を終えているだろうと私は言われた。

2) Creía que vosotros (**llegar**   ) a Salamanca antes de las cinco.
私は君たちが5時前にはサラマンカに着いているだろうと思っていた。

3) Ella no sabía si (**estar**   ) en Portugal.
彼女は私たちがポルトガルに行ったことがあるかどうか知らなかった。

4) Pensábamos que Julio se lo (**decir**   ) ya.
私たちはフリオが彼女にそれをもう言ったのだと考えていた。

5) Mario dijo que (**hacer**   ) los deberes antes de la cena.
マリオは夕食前に宿題を終わらせておくと言った。

④ スペイン語にしましょう。

1) コンサートが何時に始まるか、君は知ってる？

2) 私はもう君たちが家を出たと思っていた。

3) ビクトル（Víctor）は7月にはそのビルの建設が終わっているだろうと言った。

4) マリア（María）は私にこの自転車は誰のかと尋ねた。

5) 彼らは私たちにスキーをしたことがあるかと尋ねた。（スキーをする　esquiar）

23

直説法時制

❶ 日本語に合うように、カッコ内の不定詞を適切な時制に活用させましょう。

1) Cuando (**ir**, *yo*   ) a la cocina, mis hijos (**estar**   ) preparando el desayuno.

台所に行ったら、子供たちが朝食を準備していた。

2) Yo que tú, no le (**decir**   ) nada.

私が君なら彼女に何も言わないだろう。

3) ¿Sabes dónde está Rodolfo? — No (**saber**   ), pero hoy (**estar**   ) en casa.

ロドルフォがどこにいるか知ってる？—さあ、でも今日は家にいるだろう。

4) Me dijo Raúl que (**consultar**   ) con sus padres.

ラウルは両親に相談するつもりだと私に言った。

5) Los organizadores avisaron de que (**tener**, *ellos*   ) que modificar el programa.

主催者たちはプログラムを修正しないといけないと知らせてきた。

❷ 日本語に合うように、カッコ内の不定詞を適切な完了時制に活用させましょう。

1) Mis abuelos ya (**ir**se   ) a vivir en Perú cuando nació mi madre.

母が生まれたとき、祖父母はすでにペルーに移住していた。

2) En la reunión de esta tarde (**hablar**   ) sobre lo de la fusión.

今日の午後の会議で私たちは合併の件について話した。

3) Vamos a llamar a Inés, que ya (**llegar**   ) allí.

イネスに電話しよう、もう向こうに着いただろうから。

4) Ella no quería contarme lo que (**ocurrir**   ) en su viaje.

彼女は旅行中に何が起こったのかを私に話したがらなかった。

5) Me imaginaba que las obras ya (**empezar**   ) para esas fechas.

私は工事はその頃までには始まっているだろうと想像していた。

❸ 日本語に合うように、カッコ内の不定詞を適切な時制に活用させましょう。

1) (**Pensar**, *yo*   ) que (**encontrar**, *yo*   ) algún hotel para la semana siguiente.

翌週までにはどこかホテルを見つけているだろうと思っていた。

2) Esta mañana (**ir**   ) al dentista y le (**sacar**, *ellos*   ) una muela.

彼は今朝歯医者に行って歯を抜いてもらった。

3) Elena siempre (**decir**   ) que no le (**gustar**   ) las
personas arrogantes.

エレナは尊大な人は好きじゃないといつも言っていた。

4) La Guerra de la Independencia Española (**estallar**   ) en 1808 y
(**durar**   ) seis años.

スペイン独立戦争は1808年に勃発し、6年間続いた。

5) Daniel (**duchar**se   ) mientras Carlos (**poner**   ) la
mesa.

カルロスが食卓の準備をしている間にダニエルはシャワーを浴びた。

6) Todavía no (**divorciar**se   ) cuando (**morir**   ) mi
padre.

父が亡くなったとき私たちはまだ離婚していなかった。

7) (**Creer**   ) que (**poder**   ) alquilar un coche.

私たちは車をレンタルできるだろうと思っていた。

8) Cuando (**volver**   ) mi marido, los invitados (**estar**   )
en el salón.

私の夫が家に帰って来たとき、お客さんたちはリビングにいました。

9) ¿(**Mudar**se, *ustedes*   ) ya para mediados de septiembre?

9月中旬までにはもう引っ越ししてしまっていますか？

10) ¿Cuántos años (**tener**   ) yo cuando (**hacer**   ) aquel
viaje?

私たちがあの旅行をしたとき私は何歳だったかなあ？

4 スペイン語にしましょう。

1) ロサリオ（Rosario）が現れたとき、みんなすでに帰っていた。（現れる　aparecer、帰る
marcharse）

2) 私が昨夜訪問したとき、彼女は忙しかったのでしょう。

3) あなた方はもうこの小説を読みましたか？―私はまだですが、妻は読んだでしょう。

4) ピアソラ（Piazzolla）は1921年に生まれ、71年生きた。

5) ピラル（Pilar）は初めての車を買ったとき25歳だった。

24 命令文

1 例にならって、命令文を作りましょう。下線部は目的格人称代名詞にかえること。

> 例）¿Por qué no compras este libro?　　→ *Cómpralo.*
>
> どうしてこの本を買わないのですか？　　それを買いなさい。

1) ¿Por qué no se pone las gafas de sol?
   どうしてあなたはサングラスをかけないのですか？

   →

2) ¿Por qué no vendemos este sofá?
   どうしてこのソファーを売らないんだい？

   →

3) ¿Por qué no le mandan la carta de invitación?
   どうしてあなた方は彼に招待状を送らないのですか？

   →

4) ¿Por qué no vas a verlo?
   どうして君は彼に会いに行かないの？

   →

5) ¿Por qué no os laváis la cara?
   どうして君たちは顔を洗わないの？

   →

2 例にならって、命令文を作りましょう。

> 例）No debes ponerte nervioso.　　→ *No te pongas nervioso.*
>
> いらいらしてはいけない。　　　　いらいらしないで。

1) No debéis llegar tarde al examen.　　→ _____
   試験に遅刻してはいけませんよ。

2) No debes olvidarte de llamarla.　　→ _____
   彼女に電話をするのを忘れてはだめだよ。

3) No deben sentarse en la primera fila.　　→ _____
   1列目に座ってはいけません。

4) No debemos decirles nada.　　→ _____
   彼女たちに何も言ってはいけません。

5) No deben preguntarme cosas personales.　　→ _____
   私に個人的なことを聞いてはいけません。

❸ [ ] の動詞を命令形に活用させ、( ) には適切な接続詞を入れましょう。

1) [**Arreglar**se, *vosotros*] de prisa, ( ) ya es la hora de ir al colegio.
急いで準備をしなさい。もう学校に行く時間だから。

2) No [**hacer**, *ustedes*] ruido, ( ) van a despertar al bebé.
大きな音を立てないでください。赤ちゃんが起きてしまいます。

3) No [**molestar**, *tú*] a tu hermano, ( ) se enfadará mucho.
お兄ちゃんの邪魔をしないのよ。さもないととても怒るよ。

4) [**Hacer**, *vosotros*] los deberes por la mañana, ( ) os llevo al cine después de comer.
午前中に宿題をやってしまいなさい。そうすれば昼食後に映画に連れて行ってあげるよ。

5) Que los niños no [**entrar**] en el salón, ( ) lo estoy limpiando ahora.
子供たちがリビングに入らないようにしてね。今掃除中だから。

6) [**Ir**se, *nosotros*] ya, ( ) llegaremos tarde al partido.
もう行きましょう。さもないと試合に遅れてしまうよ。

7) [**Ayudar**me, *tú*], ( ) te daré unos caramelos.
私を手伝ってちょうだい。そうすればキャンディをあげるから。

8) [**Dejar**me, *usted*] ir, ( ) todos me están esperando.
行かせてください。みんなが私を待っていますので。

9) [**Limpiar**, *tú*] la habitación, ( ) tu mamá estará de mal humor.
部屋の掃除をしなさい。そうしないとママが不機嫌になるから。

10) [**Quitar**se, *vosotros*] la corbata, ( ) os pondréis más cómodos.
ネクタイを外しなさい。そうすればもっと楽になるよ。

❹ スペイン語にしましょう。

1) [tú に対して] そんなに早く話さないでよ。聞き取れないから。(聞き取る entender)

2) [usted に対して] この薬を飲んでください。そうすれば気分が良くなるでしょう。

3) [tú に対して] 髪を乾かしなさい。さもないと風邪をひいてしまいますよ。
(風邪をひく resfriarse)

4) [vosotros に対して] 明かりを消して、もう寝なさい。

5) [ustedes に対して] ネット上で (人々が) 言っていることは相手にしないでください。
(〜を相手にする hacer caso de...)

25 直説法・接続法

❶ 日本語に合うように、カッコ内の不定詞を直説法現在形または接続法現在形に活用させましょう。

1) Es seguro que (**subir**   ) el precio de la luz.
   電気代が上がるのは確かだ。

2) Es mejor que (**seguir**, *tú*   ) los consejos de tu padre.
   君はお父さんのアドバイスに従ったほうがいい。

3) Es importante que (**comer**, *vosotros*   ) más verdura.
   君たちが野菜をもっと食べることは重要だ。

4) Es cierto que este trabajo (**ser**   ) muy duro para ella.
   この仕事が彼女にとってとてもきついことは間違いない。

5) No creo que ellos (**querer**   ) venir conmigo.
   彼らが私と一緒に来たがっているとは思いません。

❷ 日本語に合うように、カッコ内の不定詞を直説法現在形または接続法現在形に活用させましょう。

1) Conozco a un secretario que (**hablar**   ) francés y español.
   私はフランス語とスペイン語を話す秘書を知っている。

2) Estoy buscando un secretario que (**saber**   ) hablar francés.
   私はフランス語を話せる秘書を探している。

3) Cuando (**venir**   ) usted a Tokio, avíseme, por favor.
   東京にいらしたらぜひ知らせてください。

4) Cuando (**ir**   ) de viaje, siempre llevo esta maleta.
   旅行に行くときには、私はいつもこのスーツケースを持っていく。

5) Aunque lo (**tener**   ) todo preparado, no sé si saldrá bien la entrevista.
   私はすべてを用意してあるけれども、面接がうまくいくかどうかは分からない。

6) El partido se jugará aunque (**llover**   ).
   たとえ雨が降っても試合は行われるだろう。

7) Me dicen que (**ir**   ) a venir a la fiesta de mi cumpleaños.
   彼らは私の誕生日パーティーに来るつもりだと言っている。

8) Mi madre me dice que (**acostar**se   ) antes de las doce.
   母は私に12時前には寝るようにと言っている。

9) ¿Te importa si (**abrir**, *yo*   ) la ventana?
   窓を開けてもかまわないかい？

10) ¿Te importa que te (**hacer**, *yo*   ) unas preguntas?
    君にいくつか質問してもかまわないかな？

3 日本語に合うように、カッコ内の不定詞を直説法または接続法の適切な時制に活用させましょう。

1) Mientras (**ver**, *yo*   ) la televisión, Federico preparaba la cena.
　私がテレビを見ている間、フェデリコは夕食の準備をしていた。

2) Era imposible que nosotros (**salir**   ) de vacaciones al extranjero.
　休暇で海外に出かけることは不可能だった。

3) Parecía que Manuel (**estar**   ) aburrido.
　マヌエルは退屈しているように見えた。

4) No debes salir hasta que (**mejorar**se   ).
　具合が良くなるまで君は出かけるべきではない。

5) Creía que tus amigos todavía no (**probar**   ) la comida japonesa.
　君の友人たちがまだ日本食を食べたことがないと私は思っていた。

6) ¡Qué bien que (**aprobar**, *tú*   ) el examen de conducir!
　君が運転免許試験に合格してよかった！

7) Antes de que usted (**volver**   ) a España, vamos a comer juntos.
　あなたがスペインに戻ってしまう前に一緒に食事をしましょう。

8) El guía les recomendó que (**visitar**   ) el Palacio Real.
　ガイドは彼らに王宮を見に行くよう勧めた。

9) No había nadie que (**viajar**   ) en barco.
　船で旅をしたことがある人は誰もいなかった。

10) Aunque no te (**caer**   ) bien el chico, es injusto hablar mal de él ante sus amigos.
　たとえその子が気に食わなくても、その子の友達の前で悪口を言うのはフェアじゃない。

4 スペイン語にしましょう。

1) 医者は彼女にたばこを吸うのをやめるように言う。

2) （私は君に）試験の前にこの本を読むことを勧めるよ。

3) 私たちが9時前にバルセロナに到着することは不可能だった。

4) 今日はとても寒いが、（私は）雪が降るとは思わない。

5) 君は時間ができたら何をしたい？

写真を「読む」⑤ Zaragoza, España（サラゴサ・スペイン）

La fantasía abandonada de la razón produce monstruos, pero unida a ella es la madre de las artes.

「理性に見捨てられた幻想は怪物を生むが、理性と結びつけば芸術の母となる」

＊サラゴサ近郊の Fuendetodos で生まれた画家フランシスコ・デ・ゴヤを称える碑に刻まれたゴヤの言葉。

写真を「読む」⑥ Sevilla, España（セビーリャ・スペイン）

En todo el edificio: **Apaguen los móviles.**

Prohibido fumar. Espacio sin humo.

Guarden silencio.

Prohibido comer y beber.

「建物内では：〈携帯電話をお切りください〉〈禁煙（スモークフリー・スペースです）〉〈お静かに〉〈飲食禁止〉」

＊セビーリャ、パブロ・デ・オラビデ大学の廊下に貼られた注意書き。内容は世界共通。

レベル3
Nivel 3

冠詞

❶ 日本語に合うように、語を並べ替えて文を作りましょう（斜体の動詞は適切に活用させること）。

1) アリシアはリンゴを、イグナシオはメロンを描いた。

[Alicia, e, Ignacio, manzana, melón, *pintar*, un, una].

→

2) 日本の学年暦はヨーロッパのものとは異なっている。

[académico, año, de, de, del, distinto, el, Europa, Japón, *ser*].

→

3) 私は音楽に関係することすべてが大好きだ。

[a, *encantar*, la, lo, me, música, relacionado, todo].

→

4) 行けない人は理由を言わなければならない。

[dar, ir, la, los, no, *poder*, que, que, razón, *tener*].

→

5) この白いフォルダは秘書ので、私のは黄色のです。

[amarilla, blanca, carpeta, del, esta, la, la, mía, secretario, *ser*, *ser*, y].

→

❷ スペイン語にしましょう。

1) 私は毎週水曜日にキューバ人の先生とサルサのレッスンがあります。

2) （あなた方は）ワインは好きですか？（私たちは）1本注文しましょうか？

3) 私たちはバターを塗った（con mantequilla）パンとコーヒーを朝食に取ります。（朝食に〜を食べる　desayunar）

4) 私がこの国で一番関心があるのは歴史だ。

5) この値段には15％の消費税（IVA）が含まれる。（含む　incluir）

動詞の用法

1 日本語に合うように、語を並べ替えて文を作りましょう（斜体の動詞および再帰代名詞は適切な形にすること）。

1) 私たちはホテルの隣にあるレストランで食事をするつもりだ。

[a, al, comer, del, el, en, *estar*, hotel, *ir*, lado, que, restaurante].

→

2) 昨年は酷暑になり、森林火災が何件もあった。

[año, calor, casos, de, el, forestal, *haber*, *hacer*, incendio, pasado, tremendo, un, varios, y].

→

3) 最近では多くの人がプラスチックの袋を使うのを止めて、自分のものを持ち歩くようになった。

[a, bolsas, de, de, *dejar*, *empezar*, la, llevar, muchos, plástico, suya, últimamente, usar, y].

→

4) 私がシャワーを浴びている間に電話をかけてきたのはフリアンに違いない。

[cuando, de, *deber*, duchando, el, *estar*, Julián, *llamar*, me, que, *se*, ser].

→

5) ここにいる人々はプロとしてのキャリアをスタートさせたばかりだ。

[*acabar*, aquí, carrera, de, *estar*, iniciar, las, personas, profesional, que, su].

→

2 スペイン語にしましょう。

1) 君はミゲリト（Miguelito）とケンカをしたのかい？君とは二度と話をしないだろうと言っているよ。（ケンカする　pelearse、再び〜する　volver a...）

2) 君たちは退屈しているの？—ええ、今見ている番組がちょっと退屈なんです。

3) 不法に（ilegalmente）店に入ろうとしていた2人の若者が逮捕された。
（〜しようとする　tratar de...）

4) これらが考慮に入れなければならない主要な問題です。（考慮に入れる　tener en cuenta）

5) 地震があったとき、私たちは夕食を食べようとしていました。

感嘆文・疑問文

1 日本語に合うように、語を並べ替えて文を作りましょう（斜体の動詞および再帰代名詞は適切な形にすること）。

1) 君はメキシコ料理に詳しいね！

¡[bien, comida, *conocer*, la, mexicana, muy]！

→

2) イネスの誕生日パーティーはいつなの？

¿[cuándo, cumpleaños, de, de, fiesta, Inés, la, *ser*]？

→

3) 私は彼に図書館へ本を返したかどうか聞いた。

[a, biblioteca, *devolver*, el, la, le, libro, *preguntar*, si].

→

4) 私が昨日誰に会ったとあなたは思いますか？

¿[ayer, con, *creer*, *encontrar*, que, quién, *se*, usted]？

→

5) ロラは何て感じの良い女の子なんでしょう！

¡[chica, Lola, más, *ser*, simpática, qué]！

→

2 スペイン語にしましょう。

1) このシャツの素材は何ですか？―木綿です。

2) この緑色の靴はおいくらですか？

3) 昨日私たちが一緒に話した男の人が何ていう名前だったか、君は覚えてる？

4) 君は何てピアノが上手なんだ！

5) この記事には何てたくさんの間違い（error）があるんでしょう！

現在完了・点過去

1 日本語に合うように、語を並べ替えて文を作りましょう（斜体の動詞は適切な形にすること）。

1) 東方の三賢人は、一年間いい子だったすべての子供たちにプレゼントを持ってくる。

Los Reyes Magos traen [a, año, buenos, durante, el, los, niños, que, regalos, *ser*, todos].

→

2) 昨夜4時間しか寝ていないので、私はとても眠い。

[anoche, cuatro, *dormir*, horas, mucho, porque, solo, sueño, *tener*].

→

3) ペペは今朝私に電話してきた。

[esta, *llamar*, mañana, me, Pepe].

→

4) （君は）髪が伸びたねえ！

¡[*crecer*, cuánto, el, pelo, te]!

→

5) その年トマスは2か月間入院した。

[año, dos, durante, ese, *estar*, ingresado, meses, Tomás].

→

2 スペイン語にしましょう。

1) マルコス（Marcos）は今年介護士（cuidador）として働き始めた。

2) （君は）昨日ジョランダ（Yolanda）に会った？―うん、大学で会ったよ。

3) あなた方はもう夕食を食べましたか？―いいえ、まだ食べていません。

4) 現行の（en vigor）日本国憲法（Constitución japonesa）は1946年に公布された。（公布する promulgar）

5) 今週国道（carretera nacional）で交通事故が3件あった。

5

点過去・線過去

1 日本語に合うように、語を並べ替えて文を作りましょう（斜体の動詞は点過去形または線過去形に活用させること）。

1) 私は彼女が私と一緒にドイツに行くつもりがあるか確認したかった。

[a, Alemania, comprobar, conmigo, de, ella, ganas, ir, *querer*, si, *tener*].

→

2) 私はバッグに入れていた財布をすられた。

[bolso, cartera, el, en, la, *llevar*, me, que, *robar*].

→

3) 私は彼らが朝走っていることを知っていました。

[*correr*, las, mañanas, por, que, *saber*].

→

4) 私たちは休暇によく訪れていた村がとても好きだった。

[el, en, *gustar*, las, nos, mucho, pueblo, que, *soler*, vacaciones, visitar].

→

5) 私はソファーで寝ている夫を起こした。

[a, *despertar*, dormido, el, en, *estar*, marido, mi, que, sofá].

→

2 スペイン語にしましょう。

1) 私たちが家を出ようとしていたとき、雨が降り始めた。

2) 事故のせいで（debido a...）電車を長い間待たなければならず、（私は）待ち合わせ（cita）に遅れてしまった。

3) 私が入浴している間、3件の不在着信（llamada perdida）があった（tener）。

4) 私はチームが試合に勝つだろうと確信していた。

5) （店頭で）何をお求め（desear）ですか？―このノートパソコン（portátil）を運ぶためのリュックが欲しいのですが。

完了時制

1　日本語に合うように、語を並べ替えて文を作りましょう（斜体の動詞および再帰
　代名詞は適切な形にすること）。

1）私が目を覚ましたときには、まだ夜が明けていなかった。
［*amanecer*, cuando, *despertar*, no, *se*, todavía］.
→

2）スペインに行くまで、彼女はパエリアを食べたことがなかった。
［a, antes, de, España, ir, la, nunca, paella, *probar*］.
→

3）昨日のこの時間には、バスは目的地に到着していただろう。
［a, al, autobús, ayer, destino, el, esta, hora, *llegar*］.
→

4）4月上旬には桜がもう咲いているだろう。
［a, abril, cerezos, de, *florecer*, los, principios, ya］.
→

5）5分前に彼は帰ってしまった。
［cinco, *hacer*, *marchar*, minutos, *se*］.
→

2　スペイン語にしましょう。

1）私が君を迎えに行ったときには、君はペドロ（Pedro）と出かけてしまっていた。
（迎えに行く　buscar）

2）今日私は食べすぎてしまって、今お腹が痛い。

3）彼の息子さんに何が起こったのだろう。

4）私は君がもう寝てしまったと思っていたので、君に電話をしなかった。

5）4時前には部屋を掃除しておくと娘は私に約束した。

継続表現

1 日本語に合うように、語を並べ替えて文を作りましょう（斜体の動詞および再帰代名詞は適切な形にすること）。

1) 私たちがこの新居に移って2ヶ月半経っていた。

[a, casa, dos, esta, *hacer*, medio, meses, *mudar*, nueva, que, *se*, y].

→

2) ルカスは1週間そのレポートを書いている。

[el, *escribir*, *llevar*, Lucas, semana, trabajo, una].

→

3) 私は7年前からその団体の会員です。

[años, asociación, de, desde, esa, *hacer*, *ser*, siete, socia].

→

4) 私たちは結婚してほんの10日です。

[*casar*, días, diez, *hacer*, que, *se*, solo].

→

5) ペドロは日本に来たとき日本語を3ヶ月だけ勉強していた。

[a, cuando, *estudiar*, Japón, japonés, *llevar*, meses, Pedro, solo, tres, *venir*].

→

2 スペイン語にしましょう。

1) 犬が家にやってきて明日でちょうど1ヶ月です。

2) アンヘラ（Ángela）、どのくらい僕たちは会っていないかな？—4年前に会ったね。

3) 彼女が再び電話してきたとき、私たちが彼女と話して数時間経っていた。

4) フアナ（Juana）が国連（la ONU）で働いて5年になる。

5) 彼らは長い間その問題を解決しようとしている。

未来・過去未来

1 日本語に合うように、語を並べ替えて文を作りましょう（斜体の動詞は適切に活用させること）。

1） 彼らは今頃会議でそのテーマについて話し合っているところだろう。
[a, de, en, ese, *estar*, estas, hablando, horas, la, reunión, tema].
→

2） 私たちは翌日に動物園に連れて行ってくれると言われた。
[al, al, *decir*, día, *llevar*, nos, nos, que, siguiente, zoo].
→

3） 君たちに何も言わないほうがいいだろうと私は思ったんだ。
[deciros, mejor, nada, no, *pensar*, que, *ser*].
→

4） 興味があるなら、なぜ私がここにいるかを君に説明しましょう。
[aquí, *estar*, explicar, *interesar*, por, qué, si, te, te].
→

5） 君は仕事を辞める前にもう少し考えるべきでしょう。
[antes, de, *deber*, dejar, más, pensar, poco, trabajo, tu, un].
→

2 スペイン語にしましょう。

1） クリスティナ（Cristina）は何を考えているんだろう。もう帰りたいのかなあ。（〜について考える　pensar en...）

2） 私が電話をしたとき、彼はマドリードに向かう電車の中だったのでしょう。

3） （あなた方が）私たちにもっと詳しい情報をお送りいただければ大変ありがたいのですが。（〜（してくれること）をありがたく思う　agradecer que...）

4） 私たちはいつ目的地に到着できるのか分からなかった。

5） 私たちが計画を変更する必要はないでしょう。

9

知覚・使役構文

❶ 日本語に合うように、語を並べ替えて文を作りましょう（斜体の動詞は適切に活用させること）。

1) 通りで誰かが叫んでいるのが君には聞こえない？

¿[a, alguien, calle, en, gritando, la, no, *oír*]?

→

2) 私は子どもたちが川で泳ぐのを見ていた。

[a, el, en, los, nadar, niños, río, *ver*].

→

3) 彼は話をして私たちをたくさん笑わせてくれた。

[con, *hacer*, historia, mucho, nos, reír, su].

→

4) 私は背後から何かが来るのを感じた。

[a, acercándose, algo, espalda, mi, *sentir*].

→

5) このカーテンは光をあまり通しません。

[cortina, *dejar*, esta, luz, mucha, no, pasar].

→

❷ スペイン語にしましょう。

1) 私たちは家にいるとき、何かが爆発するのを聞いた。（爆発する　explotar）

2) 先生は私たちに同じ練習問題を繰り返させた。

3) ハビエル（Javier）が誰かのことを悪く言うのを、私は聞いたことがありません。（〜を悪く言う　hablar mal de...）

4) ［usted に対して］もう少し考えさせてください。

5) 私は彼女がとても背の高い男性と一緒にオフィスに入るのを見た。

156

人称代名詞

1 日本語に合うように、語を並べ替えて文を作りましょう（斜体の動詞および再帰
代名詞は適切な形にすること）。

1) 君はきっと彼女の新しいドラマが気に入ると（私たちは）思うよ。
   [a, de, *estar*, *gustar*, nueva, que, seguros, serie, su, te, ti].
   →

2) 君の友達は山で迷ってしまったのかもしれない。
   [amigos, el, en, monte, *perder*, posible, que, *se*, *ser*, tus].
   →

3) エンマは給料を上げてもらえるだろうと私に言った。
   [*decir*, el, Emma, le, me, que, *subir*, sueldo].
   →

4) 先週彼らに頼まれたリストを（私は）まだ送っていない。
   [la, la, les, lista, *mandar*, me, no, pasada, *pedir*, que, semana, todavía].
   →

5) 社長は社員たちに自分たちの勤務時間を見直すように要請した。
   [a, empleados, *exigir*, horarios, la, les, los, presidenta, que, *revisar*, sus].
   →

2 スペイン語にしましょう。

1) 私は猫が大好きなんです。あなた方は？―私たちもです。ソル（Sol）という名前のと暮ら
してるんですよ。

2) 君が鍵を持ってるの？―うん、私が持ってるよ。―じゃあ、それで箱を閉めて（鍵をかけて）。

3) 彼女に腹を立てないで、君のことを思ってそうしてくれたんだから。
   （～に腹を立てる enfadarse con...）

4) あなたのハサミですか？―はい、私のです。―ちょっと（un momento）貸していただけま
すか？（貸す　dejar）

5) フェルナンデス（Fernández）先生はいらっしゃいますか？―秘書に聞いてください。

前置詞

1 　日本語に合うように、語を並べ替えて文を作りましょう（斜体の動詞および再帰代名詞は適切な形にすること）。

1) 君の助けのおかげで私はすべての書類に記入することができたよ。

[a, ayuda, documentos, gracias, los, *poder*, rellenar, todos, tu].

→

2) その悲劇を前にして、私たちは黙っていることができなかった。

[ante, callados, esa, no, *poder*, quedar, *se*, tragedia].

→

3) 嵐のせいで飛行機が遅れて到着した。

[a, avión, con, debido, el, la, *llegar*, retraso, tormenta].

→

4) 私は明日からダイエットを始める。

[a, desde, empezar, *ir*, mañana, régimen, un].

→

5) この星座の影響の下に生まれた人たちは社交的であることが多い。

[bajo, de, este, influencia, la, *nacer*, quienes, ser, signo, sociables, *soler*].

→

2 　スペイン語にしましょう。

1) 3日後には私はもう家に戻っているよ。（戻っている　estar de vuelta）

2) 電気料金（el precio de la luz）は前年に比べ（respecto a...）16％上がった。

3) どういう理由で、何のために君たちはここで働き始めたのですか？

4) あなた方はインターネットを通じて（a través de）私たちに申請書（solicitud）を提出することができます。

5) 私は1時間で宿題を終えなければならない。

接続詞

1 日本語に合うように、語を並べ替えて文を作りましょう（斜体の動詞および再帰
代名詞は適切な形にすること）。

1）結果が分かったらすぐ君に電話するよ。

[cuanto, el, en, *llamar*, resultado, *saber*, te].

→

2）フランシスコは私の恋人ではなくクラスメートです。

[clase, compañero, de, Francisco, mi, no, novio, *ser*, sino, un].

→

3）すぐに返してもらうという条件で、僕は君にその本を貸したんだ。

[con, de, *devolver*, el, libro, lo, me, *prestar*, pronto, que, tal, te].

→

4）マリアは子どもたちが何も不自由しないように一生懸命働いている。

[a, *faltar*, hijos, les, María, mucho, nada, no, para, que, sus, *trabajar*].

→

5）お金が十分貯まったら、私は車を買うつもりだ。

[a, *ahorrar*, bastante, coche, comprar, cuando, *ir*, *se*, un].

→

2 スペイン語にしましょう。

1）彼が来る前にプレゼントを隠しておこう。（隠す　esconder）

2）昨日は熱があったので、私は大学に行けませんでした。

3）（君たちは）この国では18歳以上でなければ、アルコール飲料（bebidas alcohólicas）は買
えない。

4）君が試験に受かったら、（私は）遊園地（parque de atracciones）に連れて行ってあげるよ。

5）彼らがついに結婚して、私は本当にうれしい。

159

13 再帰動詞

1　日本語に合うように、語を並べ替えて文を作りましょう（使う必要のない語が1つ入っています。斜体の動詞および再帰代名詞は適切な形にすること）。

1) あのパーティーを君たちは覚えている？

¿[*acordar*, aquella, de, en, fiesta, *se*]?

→

2) その俳優はその役を引き受けなかったことを後悔した。

[a, aceptado, actriz, *arrepentir*, de, ese, haber, la, no, papel, *se*].

→

3) あなた方は日本の生活にもう慣れましたか。

¿[a, *acostumbrar*, con, japonesa, la, *se*, vida, ya]?

→

4) 私にはその申し出を断る勇気はない。

[a, *atrever*, la, no, oferta, por, rechazar, *se*].

→

5) （あなたは）電話番号をお間違えだと思います。

[*creer*, de, de, *equivocar*, número, por, que, *se*, teléfono].

→

2　スペイン語にしましょう。

1) その仕事を始めてから、彼はとても社交的（sociable）になった。（〜になる　volverse）

2) ひどい雨だったので私たちはホテルにとどまった。

3) 盗まれないように、お金は全部ポケット（bolsillo）に入れておきなさい。（[自分の体・着衣の部位に] 〜を入れる　meterse... en...）

4) 彼女と私でワインを2本飲んでしまった。

5) 誰かが私のコートを持っていってしまったよ！

ser 受身・再帰受身

1 次の能動文を **ser** を用いた受身の文に書き換えましょう。

1) Los dos partidos políticos han calificado de negativa la propuesta.
その2つの政党がその提案を否定的に評価した。

→

2) Más de un millón de personas vieron la actuación de las cinco cantantes.
100万人以上の人がその5人の歌手の公演を見た。

→

3) Los enfermeros especializados deberán atender a este paciente.
専門の看護師がこの患者を見なければならないでしょう。

→

4) Personas de todas las edades en el mundo siguen leyendo la novela.
世界中であらゆる年代の人々がその小説を読み続けている。

→

5) La Reina le entregó el diploma y la medalla en la ceremonia.
女王は式典で彼に賞状とメダルを贈呈した。

→

2 スペイン語にしましょう。

1) 盲導犬を除いて（excepto los perros guía）美術館へのペット（mascotas）の入場は許されません。

2) （私は）痛みはストレス（estrés）によって引き起こされるに違いないと最初は考えた。（引き起こす causar）

3) 国民投票（referéndum）の後、国の独立が正式に宣言された。

4) この建物はギリシャ人の建築家によって住居（vivienda）として設計された。

5) もう数年後には空飛ぶ車（coches voladores）が販売されるだろう。

15

不定人称文

1 日本語に合うように、語を並べ替えて文を作りましょう（斜体の動詞は適切に活用させ、必要に応じて **se** を補ってください）。

1) このボタンを押すと、答えを変更することができます。

[al, botón, este, la, modificar, *poder*, pulsar, respuesta].

→

2) あなたの国では右側通行ですか？

¿[*conducir*, derecha, en, la, país, por, su]?

→

3) 病院の隣に薬局がオープンしたばかりだ。

[abrir, *acabar*, al, de, del, farmacia, hospital, lado, una].

→

4) 彼女は運転免許証を取り上げられた。

[carné, conducir, de, el, le, *quitar*].

→

5) 日曜日のパーティーで君のことを聞かれたよ。

[del, domingo, en, fiesta, la, me, por, *preguntar*, ti].

→

2 スペイン語にしましょう。

1) 駅へはどう行けば一番速いですか？

2) クレジットカード（tarjeta de crédito）で支払いできますか？―いいえ、ここでの支払いは現金（en efectivo）です。

3) 口座（cuenta）を開設するのには1週間かかります。

4) このエリアでの駐車は禁止されています。

5) 私はよく双子の（gemelo）兄と間違えられる。（〜と間違える　confundir con...）

関係詞（que, 定冠詞＋donde, quien, 定冠詞＋cual, cuyo）・強調構文

1 2つの文を関係詞を用いて1文にしましょう。

> 例）Tengo <u>un coche alemán</u>. ＋ <u>El coche</u> gasta poco combustible.
> → *Tengo un coche alemán que gasta poco combustible.*
> 私は燃費のいいドイツ車を持っている。

1) <u>Jesús no quiso ver a nadie</u>. ＋ <u>Por eso</u> su familia está muy afectada.

   →

   ヘススは誰にも会いたがらなかったが、そのために家族はとても動揺している。

2) Ayer me llamó <u>un amigo</u>. ＋ Mantengo el contacto con <u>él</u> desde la universidad.

   →

   大学時代から関係の続いている友人から昨日電話があった。

3) En el hotel había <u>un patio precioso</u>. ＋ La recepción estaba al lado del <u>patio</u>.

   →

   ホテルには素敵な中庭があり、その隣にフロントがあった。

4) Esta es <u>la casa</u>. ＋ La película se rodó en <u>esta casa</u>.

   →

   これは映画が撮影された家だ。

5) <u>La investigación</u> ha terminado en un fracaso. ＋ <u>Sus</u> resultados se esperaban para este mes.

   →

   その研究は、今月に結果が待たれていたが、失敗に終わった。

2 スペイン語にしましょう。

1) 先日君たちに話した店が今セール中だ。（セール中である　estar de rebajas）

2) 明日私たちが行く寺の歴史は8世紀にさかのぼる。（〜にさかのぼる　datar de...）

3) ラウラ（Laura）が日本語を勉強し始めたのは15歳のときだった。（〜歳のとき　a los ... años）

4) 彼は行ってしまう前に知っていることをすべて私に語ってくれた。

5) 彼女が遺産（herencia）をすべて残したのは姪のマリア（María）にだ。

17

比 較

1 日本語に合うように、語を並べ替えて文を作りましょう（斜体の動詞は適切に活用させること）。

1) 会場には私たちが想像していたよりもたくさんの人がいた。

[de, en, gente, *haber*, *imaginar*, la, lo, más, que, sala].

→

2) これはイタリア料理の中で私が一番好きな品です。

[comida, de, el, este, *gustar*, italiana, la, más, me, plato, que, *ser*].

→

3) 現在ラテン語は以前ほど大学で勉強されない。

[ahora, antes, como, el, en, *estudiar*, las, latín, no, se, tanto, universidades].

→

4) 今年は私の人生の中で最悪の年だった。

[año, de, el, este, mi, peor, *ser*, vida].

→

5) 今の子供たちは50年前の子供たちより忍耐力がないと言われている。

[años, cincuenta, de, de, *decir*, hace, hoy, los, los, menos, niños, paciencia, que, que, *tener*].

→

2 スペイン語にしましょう。

1)（私は）朝にはもう前の晩ほど高い熱はなかった。

2) 昨夜彼女は誰よりもうまく歌った。

3) 講演（conferencia）は私が思っていたものよりもはるかに興味深いものだった。

4) これは国内で最大の人口を抱えている県（prefectura）です。

5) 今日の試合は先週のものほど厳しく（duro）はなかった。

条件文

1 日本語に合うように、語を並べ替えて文を作りましょう（斜体の動詞は適切に活用させること）。

1) 夏休みがもっとあれば、私たちは南米を旅行するのに。

[de, más, por, si, Sudamérica, *tener*, vacaciones, verano, *viajar*].

→

2) もし時間があったら、私は君に会いに行っていたのに。

[a, *ir*, si, *tener*, tiempo, verte].

→

3) 君が今すぐ家を出れば、時間通りに着けるのに。

[a, ahora, casa, de, llegar, mismo, *poder*, *salir*, si, tiempo].

→

4) 1日に1時間歩けば、君はもっと健康になるでしょう。

[al, *andar*, día, *estar*, hora, más, sano, si, una].

→

5) 君があのアドバイスをくれていなければ、今僕は途方に暮れていただろう。

[ahora, aquel, consejo, *dar*, *estar*, me, no, perdido, si, totalmente].

→

2 スペイン語にしましょう。

1) もっと前に知らせてくれていたら、（私は）君の手伝いができたのに。

2) 今日が日曜日であれば、私は仕事に行かなくていいのになあ。

3) もし君が来ることができないのなら、僕は一人で映画に行くつもりだ。

4) もし雨が降り続いていなければ、私たちは山へ行っていたんだが。

5) 本当のことを知っていたのなら、なぜ君は私にそれを言ってくれなかったの？

19

1 日本語に合うように、語を並べ替えて文を作りましょう（斜体の動詞は適切な形にすること）。

1) たとえ渋滞があっても、私たちは車で行くでしょう。

[atascos, aunque, coche, en, *haber*, *ir*].

→

2) たとえ（あなた方が）もっと早く着いていても、席は取れなかったでしょう。

[antes, asientos, aunque, conseguir, *llegar*, no, *poder*].

→

3) どんなに高くついても、私はそのコンサートのチケットを買うつもりだ。

[cara, *comprar*, concierto, el, entrada, la, me, muy, para, por, que, *salir*].

→

4) たとえ彼らが気に食わなくても、（君は）彼らに優しくしないといけないよ。

[amable, aunque, bien, *caer*, con, ellos, no, que, ser, te, *tener*].

→

5) （私は）やるべき仕事がいっぱいあったのに、動画を見て何時間も過ごした。

[aunque, hacer, horas, muchas, mucho, *pasar*, que, *tener*, trabajo, vídeos, viendo].

→

2 スペイン語にしましょう。

1) いくら暑くても、父はエアコン（aire acondicionado）をつけないでしょう。

2) どんなに君が私のことを怒っていても、私は友達のままでいたい。

（〜のままでいる　seguir siendo...）

3) あまり時間は残っていなかったが、私たちは彼にもう1つ質問をした。

4) たとえ誰も支持してくれなくても、セシリア（Cecilia）はそのプロジェクトをあきらめないだろう。（支持する　apoyar、〜をあきらめる　renunciar a...）

5) たとえ試合に負けていたとしても、私たちは希望を持ち続けていただろう。

（負ける　perder、持ち続ける　mantener）

願望文

1 日本語に合うように、語を並べ替えて文を作りましょう（斜体の動詞および再帰代名詞は適切な形にすること）。

1) 大勢の人が私たちのイベントに参加しに来てくれるといいのに。

¡Ojalá [a, en, evento, muchos, nuestro, participar, *venir*]!

→

2) （私が）試験に落ちていませんように。

¡Ojalá [el, en, examen, me, no, *suspender*]!

→

3) （私は）昨年奨学金を得ていればよかったのに。

¡Ojalá [año, beca, *conseguir*, el, la, pasado]!

→

4) （私たちが）宇宙を旅できるといいのに。

¡Ojalá [el, espacio, *poder*, por, viajar]!

→

5) 昨夜（私は）もう少し早く寝ておけばなあ。

¡Ojalá [*acostar*, anoche, antes, poco, *se*, un]!

→

2 スペイン語にしましょう。

1) 15分経ったけど、イネス（Inés）がまだ現れない。会う約束を忘れていないといいんだけど。（～を（うっかり）忘れる　olvidarse de...）

2) （君）ほら、パウラ（Paula）は何て上手に踊るんでしょう！私も彼女みたいにうまく踊れるといいのになあ！

3) （私は）渋滞のせいで飛行機に間に合わなかったよ。1時間早く家を出ていればなあ！（間に合う　alcanzar）

4) 今日は熱があって、君たちと一緒に映画に行けそうにない。―なんて残念なこと！でも（君は）よく休まないといけないよ。早く良くなるといいね！

5) 来週昇進（ascenso）のための面接があるんだ。―（君は）成功するといいね！（成功する　tener éxito）

分詞構文

1 分詞構文を用いて、日本語に合うように語を並べ替えて文を作りましょう（斜体の動詞および再帰代名詞は適切な形にすること）。

1) 映画館を出ると、私は友達にばったり会った。

[amiga, cine, con, del, *encontrar*, *salir*, *se*, una].

→

2) 筆記試験が終わったら、（君たちには）休憩時間があるでしょう。

[descanso, el, escrito, examen, *tener*, *terminar*, un].

→

3) いったんコースが始まったら、一切の返金はないだろう。

[curso, devolución, el, *hacer*, *iniciar*, ninguna, no, se, una, vez].

→

4) ポジティブに考えれば、今回の失敗はチャンスになるかもしれない。

[de, este, forma, fracaso, oportunidad, *poder*, positiva, ser, una, *ver*].

→

5) 君のアドバイスに従ったので、私たちは問題を解決することができました。

[consejo, el, *poder*, problema, resolver, *seguir*, tu].

→

2 分詞構文を使ってスペイン語にしましょう。

1) 彼は日本人だが、富士山に登ったことがない。

2) 戦争が終わると、皆、故郷（tierra）へ戻っていった。

3) この通りをまっすぐ行けば、（あなたは）空港に着けますよ。

4) 橋を過ぎると、ロマネスク様式の（románico）教会がありました。

5) 出張中に私はテロ（atentado）のニュースを知りました。（出張中である　estar de viaje de negocios）

話法・時制の一致

1 例にならって、直接話法の文に書き換えましょう。

> 例）Mi madre dijo que estaba muy ocupada.　　私の母はとても忙しいと言った。
> → *Mi madre dijo: "Estoy muy ocupada".*

1) Decía Manolo que por esas fechas ya habría arreglado el papeleo.
マノロはその頃にはもう書類の手続きを済ませているだろうと言っていた。
→

2) Los comentaristas han advertido que habrá muchas protestas.
コメンテーターたちは、多くの抗議があるだろうと警告した。
→

3) Me dijeron que esa noche no podría usar internet.
その夜はインターネットを使えないと言われた。
→

4) Merche comentó que pensaba cortarse el pelo la semana siguiente.
メルチェは翌週髪を切るつもりだとコメントした。
→

5) Dijisteis que os habíais ido del pueblo el mes anterior.
君たちはその前の月に村を出て行ったと言った。
→

2 スペイン語にしましょう。

1)「この日曜日にデモ（manifestación）がある」という話だ。（直接話法と間接話法で）

2) フェリペ（Felipe）は父親に「明日6時に起こして」と言った。（起こす　despertar）（直接話法と間接話法で）

3) 男性は私に「担当者ですか？」と尋ねた。（直接話法と間接話法で）

4) 私は君たちが旅行でパコ（Paco）に会ったと思ってたよ。

5) 私たちは君が彼女に恋をしていると知っていたよ。（〜に恋をしている　estar enamorado de...）

23

直説法時制

1 日本語に合うように、語を並べ替えて文を作りましょう（斜体の動詞および再帰代名詞は適切な形にすること）。

1) 彼らは8時までには目的地に着いているだろうと昨日私に言った。

[al, ayer, *decir*, destino, las, *llegar*, me, ocho, para, que].

→

2) 先週私は映画に行き、そこでホセファに出会った。

[al, allí, cine, con, *encontrar*, *ir*, Josefa, la, pasada, *se*, semana, y].

→

3) 私たちが目を覚ましたときには、みんなはもう出かけた後だった。

[cuando, *despertar*, *ir*, *se*, *se*, todos, ya].

→

4) 試合が終わったとき、もう暗くなっていた。

[cuando, el, *estar*, oscuro, partido, *terminar*, ya].

→

5) 妻が掃除機をかけている間、私は風呂場の掃除をしていた。

[aspiradora, baño, cuarto, de, el, la, *limpiar*, mi, mientras, mujer, *pasar*, yo].

→

レ ベ ル 3

23/25

2 スペイン語にしましょう。

1) 電話をもらったとき、私はそこで彼らを2時間以上待っていた。

2) 私たちがカフェテリアで会ったとき、君は宿題をやっていたの？―いや、宿題をやっていたのではなく、友人たちとオンラインでチャットをしていたんだよ。（〜するのではなく〜する　no... sino que ＋文、オンラインでチャットをする　chatear en línea）

3) 以前孫たちはもっと私たちに会いに来てくれていたのだが、今はほとんど来ない。
（ほとんど〜しない　apenas ＋動詞）

4) 君はトマス（Tomás）と付き合ってどのくらい経つんですか？―そうですね、9ヶ月前に彼と付き合い始めました。（〜と付き合う　salir con...）

5) 私の夫は今日の夜に旅行から帰ってきます。この時間にはもう乗り継ぎ空港（aeropuerto de escala）を出ているでしょう。

命令文

1. 日本語に合うように、語を並べ替えて文を作りましょう（斜体の動詞および再帰代名詞は適切な形にすること）。

1)［vosotros に対して］運動のために階段を上りなさい。

[ejercicio, escaleras, hacer, las, para, *subir*].

→

2)［tú に対して］プールに行きたければ、水着を持ってくるのを忘れないでね。

[a, baño, de, de, ir, la, no, *olvidar*, piscina, *querer*, *se*, si, traer, traje, un].

→

3)［ustedes に対して］世界にはまだ飢えに苦しむ子供たちがいることを覚えていてください。

[el, en, *haber*, hambre, mundo, niños, *pasar*, que, que, *recordar*, todavía].

→

4)［usted に対して］部屋の換気のために窓を開けてください。

[*abrir*, habitación, la, las, para, ventanas, ventilar].

→

5)［tú に対して］彼が昨日君に言ったことを気にしないで。

[ayer, *decir*, lo, no, por, *preocupar*, que, *se*, te].

→

2. スペイン語にしましょう。

1)［usted に対して］廊下（pasillo）をまっすぐ進んでください。右側に彼女のオフィスがあります。

2)［tú に対して］この椅子に座らないで、とても汚れているから。

3)［tú に対して］猫が入ってこられるようにドアを開けっぱなしにしておいて。

4) もし君がルシア（Lucía）に会ったら、（私が彼女を）1時間待っていたと伝えて。

5)［vosotros に対して］こんなに遅い時間に音楽をかけないで。（音楽をかける　poner la música）

レベル 3

24/25

直説法・接続法

❶ 日本語に合うように、語を並べ替えて文を作りましょう（斜体の動詞は適切な形にすること）。

1) 私は高品質のディスプレイを持つタブレットが欲しい。

[buena, calidad, de, pantalla, que, *querer*, tableta, *tener*, una, una].

→

2) この町の歴史が分かるように私が君たちを博物館に連れて行ってあげよう。

[a, a, ciudad, *conocer*, de, esta, historia, *ir*, la, llevar, museo, os, para, que, un].

→

3) そこに到着するのにそれほど時間はかからないだろうと私は思う。

[allí, *creer*, en, llegar, no, que, se, tanto, *tardar*, tiempo].

→

4) 私には君が間違っているとは思えなかった。

[a, equivocada, *estar*, me, mí, no, *parecer*, que].

→

5) 彼は中国で5年暮らしたが、中国語をほとんど覚えなかった。

[años, *aprender*, aunque, casi, China, chino, cinco, de, en, nada, no, *vivir*].

→

❷ スペイン語にしましょう。

1) 彼らはボリビアに住んだことがある人を誰も知らなかった。

2) 私は1週間で気温（temperatura）がそんなに下がるとは思わなかった。

3) 時間が分かったらすぐに知らせるよとアルフォンソ（Alfonso）は私に言った。

4) 彼らが通りの名前を覚えていないのは当然だ。

5) 私はこの曲が大ヒットすることを確信している。（ヒットする　tener éxito）

解答・解説集（Clave de respuestas y explicaciones gramaticales）はこちらから

https://text.asahipress.com/free/spanish/edgepnverde/

レベル別　スペイン語文法ドリル　グリーン版
―文法をきちんとおさえたい人のために―

検印省略	© 2023 年 1 月 30 日　初 版 発 行
著　者	西　村　君　代
	菊　田　和　佳　子
	齋　藤　華　子
	フランシスコ・バレラ
発行者	原　　　雅　　久
発行所	株式会社　朝 日 出 版 社
	101-0065　東京都千代田区西神田 3-3-5
	電話直通　(03) 3239-0271/72
	振替口座　00140-2-46008
	https://www.asahipress.com/
組　版	有限会社ファースト
印　刷	信毎書籍印刷

乱丁、落丁本はお取り替えいたします。
ISBN978-4-255-55141-8　C1087